浙江文化艺术发展基金资助项目

杭州优秀传统文化丛书

Hangzhou Youxiu Chuantong Wenhua Congshu

一座城市的精神传记

陈华胜——著

杭州出版社

图书在版编目（CIP）数据

一座城市的精神传记/陈华胜著. -- 杭州：杭州出版社, 2022.8
（杭州优秀传统文化丛书）
ISBN 978-7-5565-1660-5

Ⅰ.①一… Ⅱ.①陈… Ⅲ.①杭州—地方史—史料 Ⅳ.① K295.51

中国版本图书馆 CIP 数据核字（2022）第 009090 号

Yi Zuo Chengshi de Jingshen Zhuanji
一座城市的精神传记
陈华胜/著

责任编辑	齐桃丽　祁睿一
装帧设计	祁睿一　李轶军
美术编辑	章雨洁
责任校对	陈铭杰
责任印务	姚　霖
出版发行	杭州出版社（杭州西湖文化广场32号6楼）
	电话：0571-87997719　邮编：310014
	网址：www.hzcbs.com
排　　版	浙江时代出版服务有限公司
印　　刷	天津画中画印刷有限公司
经　　销	新华书店
开　　本	710 mm×1000 mm　1/16
印　　张	19.5
字　　数	243千
版 印 次	2022年8月第1版　2022年8月第1次印刷
书　　号	ISBN 978-7-5565-1660-5
定　　价	58.00元

（版权所有　侵权必究）

序 言

文化是城市最高和最终的价值

我们所居住的城市，不仅是人类文明的成果，也是人们日常生活的家园。各个时期的文化遗产像一部部史书，记录着城市的沧桑岁月。唯有保留下这些具有特殊意义的文化遗产，才能使我们今后的文化创造具有不间断的基础支撑，也才能使我们今天和未来的生活更美好。

对于中华文明的认知，我们还处在一个不断提升认识的过程中。

过去，人们把中华文化理解成"黄河文化""黄土地文化"。随着考古新发现和学界对中华文明起源研究的深入，人们发现，除了黄河文化之外，长江文化也是中华文化的重要源头。杭州是中国七大古都之一，也是七大古都中最南方的历史文化名城。杭州历时四年，出版一套"杭州优秀传统文化丛书"，挖掘和传播位于长江流域、中国最南方的古都文化经典，这是弘扬中华优秀传统文化的善举。通过图书这一载体，人们能够静静地品味古代流传下来的丰富文化，完善自己对山水、遗迹、书画、辞章、工艺、风俗、名人等文化类型的认知。读过相关的书后，再走进博物馆或观赏文化景观，看到的历史遗存，将是另一番面貌。

过去一直有人在质疑，中国只有三千年文明，何谈五千年文明史？事实上，我们的考古学家和历史学者一直在努力，不断发掘的有如满天星斗般的考古成果，实证了五千年文明。从东北的辽河流域到黄河、长江流域，特别是杭州良渚古城遗址以距今5300—4300年的历史，以夯土高台、合围城墙以及规模宏大的水利工程等史前遗迹的发现，系统实证了古国的概念和文明的诞生，使世人确信：这里是古代国家的起源，是重要的文明发祥地。我以前从来不发微博，发的第一篇微博，就是关于良渚古城遗址的内容，喜获很高的关注度。

我一直关注各地对文化遗产的保护情况。第一次去良渚遗址时，当时正在开展考古遗址保护规划的制订，遇到的最大难题是遗址区域内有很多乡镇企业和临时建筑，环境保护问题十分突出。后来再去良渚遗址，让我感到一次次震撼：那些"压"在遗址上面的单位和建筑物相继被迁移和清理，良渚遗址成为一座国家级考古遗址公园，成为让参观者流连忘返的地方，把深埋在地下的考古遗址用生动形象的"语言"展示出来，成为让普通观众能够看懂、让青少年学生也能喜欢上的中华文明圣地。当年杭州提出西湖申报世界文化遗产时，我认为这是一项需要付出极大努力才能完成的任务。西湖位于蓬勃发展的大城市核心区域，西湖的特色是"三面云山一面城"，三面云山内不能出现任何侵害西湖文化景观的新建筑，做得到吗？十年申遗路，杭州市付出了极大的努力，今天无论是漫步苏堤、白堤，还是荡舟西湖里，都看不到任何一座不和谐的建筑，杭州做到了，西湖成功了。伴随着西湖申报世界文化遗产，杭州城市发展也坚定不移地从"西湖时代"迈向了"钱塘江时代"，气势磅礴地建起了杭州新城。

从文化景观到历史街区，从文物古迹到地方民居，众多文化遗产都是形成一座城市记忆的历史物证，也是一座城市文化价值的体现。杭州为了把地方传统文化这个大概念，变成一个社会民众易于掌握的清晰认识，将这套丛书概括为城史文化、山水文化、遗迹文化、辞章文化、艺术文化、工艺文化、风俗文化、起居文化、名人文化和思想文化十个系列。尽管这种概括还有可以探讨的地方，但也可以看作是一种务实之举，使市民百姓对地域文化的理解，有一个清晰完整、好读好记的载体。

传统文化和文化传统不是一个概念。传统文化背后蕴含的那些精神价值，才是文化传统。文化传统需要经过学者的研究提炼，将具有传承意义的传统文化提炼成文化传统。杭州与丛书作者在创作方面作了种种古为今用、古今观照的探讨交流，还专门增加了"思想文化系列"，从杭州古代的商业理念、中医思想、教育观念、科技精神等方面，集中挖掘提炼产生于杭州古城历史中灵魂性的文化精粹。这样的安排，是对传统文化内容把握和传播方式的理性思考。

继承传统文化，有一个继承什么和怎样继承的问题。传统文化是百年乃至千年以前的历史遗存，这些遗存的价值，有的已经被现代社会抛弃，也有的需要在新的历史条件下适当转化，唯有把传统文化中这些永恒的基本价值继承下来，才能构成当代社会的文化基石和精神营养。这套丛书定位在"优秀传统文化"上，显然是注意到了这个问题的重要性。在尊重作者写作风格、梳理和讲好"杭州故事"的同时,通过系列专家组、文艺评论组、综合评审组和编辑部、编委会多层面研读,和作者虚心交流,努力去粗取精,古为今用,这种对文化建设工作的敬畏和温情,值得推崇。

人民群众才是传统文化的真正主人。百年以来,中华传统文化受到过几次大的冲击。弘扬优秀传统文化,需要文化人士投身其中,但唯有让大众乐于接受传统文化,文化人士的所有努力才有最终价值。有人说我爱讲"段子",其实我是在讲故事,希望用生动的语言争取听众。今天我们更重要的使命,是把历史文化前世今生的故事讲给大家听,告诉人们古代文化与现实生活的关系。这套丛书为了达到"轻阅读、易传播"的效果,一改以文史专家为主作为写作团队的习惯做法,邀请省内外作家担任主创团队,组织文史专家、文艺评论家协助把关建言,用历史故事带出传统文化,以细腻的对话和情节蕴含文化传统,辅以音视频等其他传播方式,不失为让传统文化走进千家万户的有益尝试。

中华文化是建立于不同区域文化特质基础之上的。作为中国的文化古都,杭州文化传统中有很多中华文化的典型特征,例如,中国人的自然观主张"天人合一",相信"人与天地万物为一体"。在古代杭州老百姓的认知里,由于生活在自然天成的山水美景中,由于风调雨顺带来了富庶江南,勤于劳作又使杭州人得以"有闲",人们较早对自然生态有了独特的敬畏和珍爱的态度。他们爱惜自然之力,善于农作物轮作,注意让生产资料休养生息;珍惜生态之力,精于探索自然天成的生活方式,在烹饪、茶饮、中医、养生等方面做到了天人相通;怜惜劳作之力，长于边劳动、边休闲娱乐和进行民俗、艺术创作，做到生产和生活的和谐统一。如果说"天人合一"是古代思想家们的哲学信仰，那么"亲近山水，讲求品赏"，应该是古代杭州人的生动实践，并成为影响后世的生活理念。

再如，中华文化的另一个特点是不远征、不排外，这体现了它的包容性。儒学对佛学的包容态度也说明了这一点，对来自远方的思想能够宽容接纳。在我们国家的东西南北甚至是偏远地区，老百姓的好客和包容也司空见惯，对异风异俗有一种欣赏的态度。杭州自古以来气候温润、山水秀美的自然条件，以及交通便利、商贾云集的经济优势，使其成为一个人口流动频繁的城市。历史上经历的"永嘉之乱，衣冠南渡"，"安史之乱，流民南移"，特别是"靖康之变，宋廷南迁"，这三次北方人口大迁移，使杭州人对外来文化的包容度较高。自古以来，吴越文化、南宋文化和北方移民文化的浸润，特别是唐宋以后各地商人、各大商帮在杭州的聚集和活动，给杭州商业文化的发展提供了丰富营养，使杭州人既留恋杭州的好山好水，又能用一种相对超脱的眼光，关注和包容家乡之外的社会万象。这种古都文化，也代表了中华文化的包容性特征。

城市文化保护与城市对外开放并不矛盾，反而相辅相成。古今中外的城市，凡是能够吸引人们关注的，都得益于与其他文化的碰撞和交流。现代城市要在对外交往的发展中，进行长期和持久的文化再造，并在再造中创造新的文化。杭州这套丛书，在尽数杭州各色传统文化经典时，有心安排了"古代杭州与国内城市的交往""古代杭州和国外城市的交往"两个选题,一个自古开放的城市形象,就在其中。

"杭州优秀传统文化丛书"团队在传统和现代的结合上,想了很多办法,做了很多努力。传统文化丛书要得到广大读者接受,不是件简单的事。我们已经走在现代化的路上,传统和现代的融合,不容易做好,需要扎扎实实地做,也需要非凡的创造力。因为,文化是城市功能的最高价值,也是城市功能的最终价值。从"功能城市"走向"文化城市",就是这种质的飞跃的核心理念与终极目标。

2020年9月

(单霁翔,中国文物学会会长)

千里江山图（局部）

目　录

001　**序　章**

第一章
009　一座来自海洋的城市

第二章
039　西湖的千年等一回

第三章
061　烟雨楼台中的六朝故事

第四章
095　上天眷顾的城市诞生了

第五章
129　纷乱世道中的陌上花开

第六章
161　暖风犹记西湖歌舞

第七章
211　落日余晖下的惊鸿一瞥

第八章
233　清白人间的鲜血梅花

第九章
257　三百年重叠的美丽与辛酸

序　章

先来认几个字：夏、周、夷、狄……

从文字的演变以及象形的特征来看，"夏"字的上部像一垄一垄的田亩，下面像一只劳作的手，这是不是意味着华夏民族就是以农耕为主的民族？"周"的外围是大半圈框，里面是一块土和一口人，在划定的范围内就着土地耕作，周王朝的情形就是这样的；"夷"就不一样了，一个人背着一张弓，你可以想象他四处逡巡，寻找着猎物的模样；而"狄"呢，让人联想到的画面是，披着兽皮，围着火堆，烤食着打猎来的动物，与狼共舞，这当然是游牧民族的生活了……

我在这里并非想作严谨的文字学释义，只是信马由缰地想象开去，中国的象形文字就这样透露着历史的关键密码。

那么，"杭"字呢？我们今天要说的杭州，这个"杭"字又隐藏着什么信息呢？《说文解字注》："杭，渡也。"又"杭，方舟也"。《诗经·卫风·河广》里有一句诗句："谁谓河广，一苇杭之。"

上：良渚古城遗址——实证杭州五千年建城史、中华五千年文明史
下：保俶塔——见证奠定杭州发展之基的吴越国历史

上：柳浪闻莺——可窥杭州历史巅峰的南宋京城繁华胜景
下：钱江新城——象征杭州从"西湖时代"迈向"钱塘江时代"

从文字学来看,"杭"其实是一艘船。杭者,航也。

今天,杭州城市的LOGO就是一艘船的造型。

那么,杭州这座陆地城市为什么会跟一艘船挂起钩来呢?

这就是杭州的特殊之处,也是杭州的魅力所在了。

———

这里是杭州。

东经120度,北纬30度,地理坐标表明这是一座典型的中国南方城市。

"南方",是一个温暖的名词,它意味着充足的阳光,湿润的土壤,丰沛的雨水,青翠的湖山,在润物无声中不断拔节生长的植物,在茂密的植物上方仰头可见的一角湛蓝湛蓝的天空;它意味着繁荣的经济、前沿的观念、开放的胸襟和品质的生活,在熙熙攘攘中幸福而自强地生息着的人群,以及人们散发出的自信、骄傲、获得感和满足感。

这就是今天的南方。

作为改革开放热土的活力南方。

但是,在中国古代的相当长一段历史里,南方却并不是这样的,至少在人们的传统印象中,南方的历史地位却远远没有今天那么突显。

根据从前的观点，一般认为中华民族的发祥地是黄河流域，也许你认为这个观点已经过时，但很长时间的正统史学界却都是这么认为的。从地图上看，这些地区基本位于茫茫中国的正中央，而当时的南方则是一个野蛮人出没的地方。这里密林高耸，湖沼成泽，烟瘴笼罩，神秘莫测……那时候，中原的统治者很少将注意力投向南方的版图，历史的重心只在长安和洛阳之间摇摆。

五千年间，中原的王气引来无数的战火和纷争，群雄争霸，问鼎轻重。只有中原逐鹿的失败者才会选择在南方歇脚。

南方，曾经是中国历史的后院。

也正是因为这种特殊的历史安排，南方一次一次侥幸地躲过了兵燹战乱。从北方逃避战乱的人们栉风沐雨来到这里寻求庇护，他们的足迹在这片潮湿的土地上一个一个印了出来，于是我们有了这片南方的家园。

杭州，就是这么一片温柔的家园。

这是一座中国的南方城市，但它一半的基因却来自北方。

这一点，从杭州的方言语系里就可以得到简单的印证：老杭州城区的人说的杭州话截然不同于周边城市、农村的方言，它更多地接近于北方的方言。语言学上把它称作"南宋官话"，以区别于周边的吴地方言。

这一点，从杭州人世代相传的饮食习惯里也可以得到佐证：在这座城市里，面馆林立，各种面食大受欢迎，与周边地区的餐桌文化大异其趣，却使北方中原的人士

四时幽赏：西湖春光，西溪夏景，湘湖秋意，运河冬韵

宾至如归。当然，杭帮菜清淡素雅，有异于北方菜系，这自然是经过了这方水土的改良。

一个地方有一个地方的特色，一座城市有一座城市的风格。这个特色和风格，就是自然与人力、历史与现实"合作"的结果。人心通天，因地制宜，城市因此而成形。南北文化在这里经历了一千多年不间断的交流与碰撞，其结果使得这座城市具有极强的包容性和可塑性。

这是一座典型的陆地城市，但它却来自海洋。

这是一座典型的南方城市，但它却来自北方。

南北文化的交融，海洋文明与陆地文明的碰撞，造就了今天的杭州——大气、开放、进取、包容、精致、优雅、和谐、安宁。

大事记：

* 距今 10 万年，「建德人」出没于此。
* 距今约 8000 年，跨湖桥先民在此栖息。
* 距今约四五千年，良渚先民创造灿烂文明。
* 公元前 5 世纪，吴越争霸。
* 公元前 222 年，钱唐设县、余杭设县。
* 公元前 221 年，富春（今富阳）设县。
* 公元前 210 年，秦始皇巡视钱唐。

第一章 一座来自海洋的城市

1

与其他的城市不一样,杭州来自海洋。

作为国务院首批公布的 24 个 "历史文化名城" 之一的杭州,其所在的这片土地在上古的时候还是一片汪洋大海。

这里地处浙北,早先曾是与钱塘江相通的浅海湾,潮汐的冲击导致泥沙淤积,海湾与钱塘江逐渐分隔,形成港汊之间的一块块陆地。一个活生生的 "沧海桑田" 的故事,就这样被谱写了。

大自然的伟力使它在创建了陆地的同时,也创造了人类。早在 1974 年,在杭州建德李家镇新桥村一个叫乌龟洞的地方,出土了一枚距今约 10 万年的古人类牙齿化石,揭示了这一带最初的人类生命迹象。而后来,人类则终于创造了文化乃至文明——

在这样一个海湾港汊之地,一群先民驾着独木舟来了,南方文明的曙光于是从这里开始发散。

跨湖桥遗址

在杭州萧山湘湖边的跨湖桥遗址，一艘8000年前的独木舟静静地躺在那里，述说着一个人类历史发展的故事：

让我们把时间拉回到1970年的某一天。

萧山湘湖村的村民听到一个消息：杭州砖瓦厂要在冷饭滩附近设立一个新的取土点。消息一传开，湘湖村村民连夜突击，围堤抽水，抢占阵地。当时冷饭滩一带属于无法正常耕种的沼泽地带，取土的第一步必须围堤抽水。那一晚，一家新的砖瓦厂诞生了，这就是后来的萧山城厢砖瓦厂。挖土制砖的人们在不知不觉中发现了旧湘湖底下的这座文化宝库。

由于当时发掘出土的文物较少，在一定程度上影响了人们对跨湖桥遗址重要性的认识，遗址也因此被"冷落"

在跨湖桥遗址发现的独木舟

了许多年。此后,经历了1990年、2001年、2002年等多次考古发掘,这里陆续出土了大量的陶器、石器、木(竹)器、骨角器,尤其令人惊叹的是2002年11月的第三次发掘,人类最古老的独木舟出土了!

8000年,是一段让人肃然起敬的时间跨度。

碳-14的年代推断证实了在这片土地上,早在8000年前就已经有古人类活动的印记,考古界把它正式命名为"跨湖桥文化"。而在此之前,我们所知道的浙江最早的古人类文化,是7000年前的余姚河姆渡文化。

跨湖桥的这条独木舟,把浙江文明的源头向前推进了一千年，把世界造船史也向前推进了上千年。

但是，这些造船的人从哪里来？他们后来又去了哪里？这些考古的谜团仍然有待我们去发现。

事实上，这样的探寻也从来没有停止过。一切的哲学思考都围绕着一个基本命题：我是谁？我从哪里来？要到哪里去？对于文明的探索，一直是人类不懈的追求。

科学告诉我们：人类在茹毛饮血的时候，没有固定的食物来源，生活不安定，也不能组织聚落，因此不能用"文化"两个字来形容人类的活动。在人类有能力生产食物——不论是农耕还是畜牧——之后，生活有了一定的保障，加上人类聚集在一起，逐渐构成社群的概念，也有余力做一些启发心智的活动。这两个条件使各地人群的生活方式逐渐具备一定特色，这就是所谓的"文化"。而"文明"，则是一个更为抽象的概念，它应该是人类在聚居和固定食物来源的文化基础上，由广泛合作而再迈进的一步。一般来说，图腾文字和城垣屋舍的出现是"文明"的两个最基本的特征。

那么，究竟从什么时候起，这片土地上产生了可以被称为"文明"的迹象呢？

2

午后的太阳在天河流过息壤的地方如此灿烂地照耀着。

这是 1936 年 11 月 3 日下午 2 时的太阳。

良渚古城遗址公园

从历史的角度来说，这一天的太阳只是为一个25岁的年轻人和他脚下的这片土地而照耀的。

几块黑色的碎陶片，在一个干枯了的池塘底部皴裂的泥里泛着油油的光。年轻人弯下腰去，不经意地将它们捡起，随手在棉袍上拭去了陶片上残留的泥巴，把它们放进了他的布挎包里。

太阳绚烂着。

那个干枯的池塘位于杭州近郊良渚附近的棋盘坟。年轻人是良渚镇上一家茶店老板的儿子，名叫施昕更，此时的身份是西湖博物馆地质矿产组助理员。

1929年6月，杭州举行规模空前的西湖博览会，这位茶店老板的儿子经人介绍，在博览会的历史厅担任讲解员。当年11月，浙江省政府决定利用西湖博览会博物馆原有的那些陈列品建立一个永久性的文化教育机构，名"浙江省立西湖博物馆"，由陈布雷之兄陈屺怀出任

良渚博物院

第一章 一座来自海洋的城市

首任馆长。施昕更靠着西湖博览会上的出色表现，进了西湖博物馆的地质矿产组。

他本是来寻一柄带孔的石斧的。1936年5月，西湖博物馆对杭州古荡的一处古文化遗址进行考古发掘，施昕更也被派参加。在发掘中出土了一件有孔石斧，这引起了他的注意，因为这种有孔石斧在他的家乡良渚也曾出现过，而且为数不少。在当年的6月、7月间，施昕更曾多次回良渚去棋盘坟查看，直到11月3日这一次，命运之神的垂青让他发现了上古时期的一次灿烂文明——良渚文明。

其实，早在施昕更前来寻找这柄石斧之前，一位叫何天行的杭县人在上海听了考古学这门课程后，颇感兴趣，也在良渚和古荡一带做了试掘的工作，发现了一些石器和黑陶。于是，文明的大幕就这样被两个年轻人揭开了。

而进一步的发掘，让人更加惊叹不已：除了石器和

上：玉琮　下：良渚古国"神徽"

黑陶，良渚还出土了大量的玉器，一些玉器上还镌刻着图腾徽记。后来的考古发现，证实良渚文明正是以这些精美的玉器为主要特征的，良渚的玉器代表着史前新石器时代玉雕艺术的最高水准。

今天，想要对四五千年前的良渚文明作一次巡礼，最简单的办法就是去良渚博物院。一进入余杭区境内，一座巨大的玉琮雕塑耸立在宽敞的马路边，无声地诉说着此地昔日的辉煌，并令每一个参观者生出一份近乎朝圣的心情。

玉琮是良渚文化的典型器物，它的形体为外方内圆的方柱体。在方柱体上又分为若干节，每节上都有或简或繁的神面形纹。《周礼·春官·大宗伯》中有"以苍璧礼天，以黄琮礼地"的记载。从其外方内圆的特点与中国古代的天圆地方之说相联系来看，琮可能是巫师作为贯通天地的法器。玉琮上的神面形纹、神像形纹，正是巫师沟通天地时要借助的神力。那些神人兽面的纹饰，也就是良渚部族崇拜的"神徽"。有人甚至怀疑，商周青铜器上的饕餮纹，或许正是良渚玉器上的"神徽"发展的结果。

著名学者许倬云指出："中国东南沿海的海洋文化，发展出了中国文化中非常重要的玉石文化。……玉石和中亚的黄金最终成为中国人最爱好的两种艺术品和有价饰物，这一现象正象征了海洋文化和内陆文化在中国的融合。"

在良渚博物院宽敞的大厅，透过那些明亮的玻璃，凝视那些造型优美的黑陶器、玉器，那些线条流畅、构图严谨的纹样，一尊尊皿簋鼎瓿，一件件琮璧钺圭，难以想象，早在四五千年以前，栖息在这里的人类已经创造出如此卓越的文明！

看着这一件件精美的玉琮、玉璧、玉璜、玉钺，人们自然而然地想到：它们是怎么制作出来的？是不是地下还存在着一个玉器工坊的遗址？

考古工作者一开始的希望也只是想发现一个玉器加工生产作坊的遗址。探索仍在继续，发现却不断刷新人们的观念。随着出土文物和遗址的不断增多，考古工作者意识到这个区域的文明程度和遗址规模，远远超出了我们对史前文化的惯常理解，显然已经接近文明产生的阶段。而文明的标志之一，就是城市。

那么，是不是存在着这样一座良渚古城呢？

古城的发现源自 2006 年葡萄畈的一次不起眼的发掘。原本这次发掘只是为了给附近迁移的农户找一块安置地，但却发现了南北分布的底部铺垫着石头的一块高地。这块高地完全由人工堆筑而成，厚度将近 4 米，而且底部全部铺垫了棱角分明的人工开采的石块！第二年的 4 月，一段南北向的相关遗址被发现；之后，东西向的遗址又被发现。

东西南北，相对闭合的遗迹，已经呈现出城墙的雏形。

此后，图纸上的遗迹标志不断丰富，一座古城的轮廓也渐渐显现：良渚古城的范围，东西长约 1700 米，南北长约 1900 米，总面积约 300 多万平方米。这是目前所发现的同时代中国最大的城址！

让我们从杭州出发，沿着老的 104 国道西行。穿过良渚镇，接近瓶窑时，有个起伏明显的大土墩。土墩呈长方形，东西长约 670 米，南北宽约 450 米，面积 30 余万平方米，比周边高出 10 米左右。高岗上，桃李满园，这里曾是杭州著名的水果基地：大观山果园。

而杭州人未曾想到的是，这片果园其实是个大遗址，是 4000 多年前良渚人堆筑的宫殿基址。基址上三个突起的小土包，分别称为大、小莫角山和乌龟山，可能就是当时的宫殿所在。

就在宫殿基址的不远处，在良渚古城的外围，由于某一次的施工取土，彭公水坝的遗址又现身了。开始的时候，人们以为它也是一段城墙，或者仅仅是个古墓。但事实上，呈现在世人眼前的，是中国最早的水利系统，也是全世界最早的水坝系统。

从现在的发现来看，良渚古城只有 1 个陆地上的门，却有 8 个水门，连通城内外的水系，起到维护水上交通

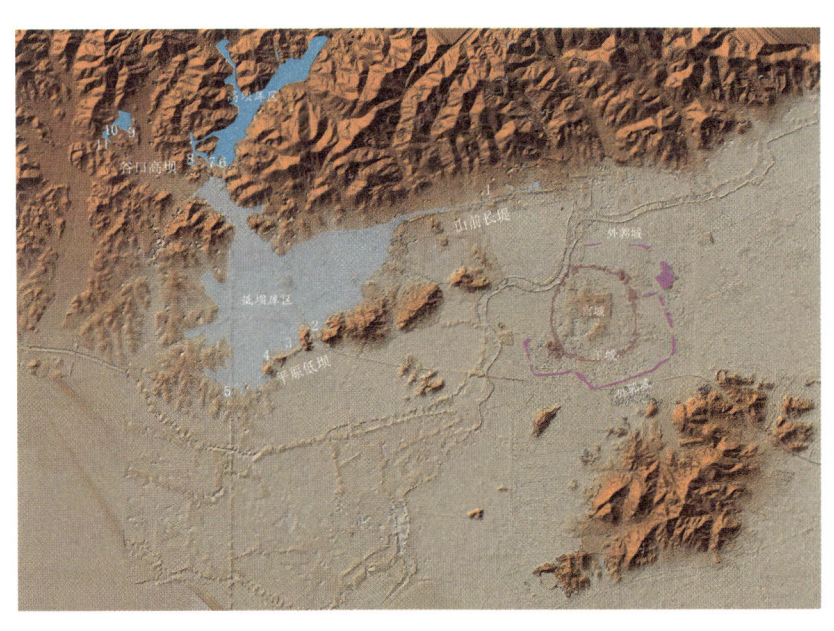

良渚古城及外围水利系统示意图

的作用。此前出土的木桨证明了船只是良渚先民们最常用的交通工具。而外围的这套水利系统除了构建交通网络外,既有防洪功能,还能用于灌溉周边的农田。

这已经是一个相当发达的史前城邦的样式。

司马迁的《史记》曾经记载了"大禹治水"的故事,这位以严谨著称的史官明确告知,这只是个上古传说,他未能作历史考证。两千多年来,从未有人找到过大禹治水留下的痕迹。那么,大禹果真治过水吗?历史上真有大禹这个人吗?

根据传说,大禹曾在会稽山召集部落首领开会,庆祝治水成功,部落首领防风氏因忙于治水,赴会迟到而被杀。防风氏所统领的防风国在浙江德清一带,会稽山在浙江绍兴,这就意味着大禹治水若真有其事,应该就发生在浙江一带。时任浙江省文物局副局长的吴志强坚

良渚古城小莫角山遗址

信，随着研究的深入，良渚古城、彭公水坝有望让大禹走出神话，进入真实的历史。

好消息也不断传来：2019年7月6日，在阿塞拜疆首都巴库举行的联合国教科文组织第43届世界遗产委员会会议上通过决议，将中国世界文化遗产提名项目"良渚古城遗址"列入《世界遗产名录》。至此，良渚古城遗址继杭州西湖文化景观、中国大运河之后成为直接和杭州有关的第三个世界级的文化遗产，而我国世界遗产的总数也增至55处。

庞大的城市遗址、复杂的水利系统、高规格的墓葬和精美的玉器等，让一些学者相信，良渚人不光掌握了发达的工具，也分化出复杂的权力结构，这是一种早期国家的形态。"良渚古国"的提法也很快流行起来。那么，这里会不会就是大禹、夏启父子建立的夏王朝国都的所在？尽管范文澜《中国通史简编》认为夏启最初定都阳翟（今河南禹县），后迁于安邑（今山西夏县），但考虑到大禹是在浙江这片土地上最终治水成功的，那么，在夏启正式定都阳翟之前，夏禹已经事实上定都于良渚也不是不可能。

如果良渚这片土地，真的就是中国第一个朝代夏的都城所在，那么，杭州作为"七大古都"之一的地位就又得到了强有力的提升。这当然只是一种猜测，也是留给后人的研究课题。

长期以来，由于缺乏实证和确切的文字记载证明夏王朝的存在，国际上一直认为中国有史可据的文明从出现甲骨文的殷商算起，比其他古文明晚，而良渚古城的发现坐实了那里存在着一个具有早期国家性质的城邦。中华文明与世界其他早期文明来到了相似的时间起点。

良渚,从字面意思上理解,就是一处"美丽洲"。

3

看着美轮美奂的文物,自然便会想到创造了这一切的主人。这是一群文身断发、刀耕火种的先民,他们的艰苦历程还是让我们从良渚出土的这一柄木桨开始吧。这是一种宽翼式的木桨,桨身宽而扁平,桨翼末端削成尖状,另作柄捆绑其上。它居然历经五千年的岁月沧桑而没有朽烂!

木桨的大量出土说明独木舟在这一区域的广泛使用。而独木舟的广泛使用只能说明这里曾经是一片汪洋。

地理学家告诉我们,在很久很久以前,历史上被誉为"天堂"的杭州,曾是一片茫茫的海湾。每当潮涨,海水把它淹没得迷迷茫茫;潮落,它又变成一个荒凉的

良渚文化卞家山遗址出土的木桨

浅海湾。而现今杭州湾两岸的陆地，有许多都是有史以来逐渐由钱塘江带下与海潮涌上的泥沙堆积而成。就是享誉四海的西湖，在先古也只不过是钱塘江口的一个小海湾，而湖以东的陆地，在昔实为波涛出没之所。即使到了秦汉时期，今天城东的江干一带，尚在海中。浙江地方史专家倪士毅先生认为："从杭州市现存的地名如洋坝头、官巷口（原名官涧口）、后洋街、前洋街、江涨桥、涨沙弄等也可以证明今杭州市区未成陆以前原是海洋。"当时的海平面，远在杭州平原以上。在今天的葛岭及南高峰一侧的山腰中，常有充填之红土及平行的水痕，就是当时江海波及的证明。

没有文字资料可以告诉我们，这一带的先民从何而来，我们只能虔敬地闭上眼睛，凭着祖先灵光的感召，恍惚见一艘艘独木舟出没于惊涛骇浪的茫茫大海中，寻找一块可以栖息的土地，风里来，雨里去……在寻找家园的历险过程中，这里的先民显然没有中原地区的先民们幸运，他们只找到这么一块潮起潮落的地方。然而，他们已经很满足了。于是，他们就在这一片江河湖海之中的港汊之地安了家，筑了城，所幸他们的独木舟仍能派上用场，这倒使他们更安心了些，因为这样他们就不会忘记海洋的习性。驾一叶扁舟出入于汹涌的波涛之上，往来于各个部落之间，生活就是这样。

在良渚文化遗址的发掘中，除了木桨，考古专家还发现了网坠、木浮标、竹鱼篓和木盆等，说明这里的人类很早就已从事渔业。当然，他们还有弓箭、长矛和木棍，用来猎取飞禽和走兽。

和所有的文明一样，经过漫长的岁月，原始的农业开始萌芽。在半山水田畈遗址，考古工作者发现了稻谷、芝麻、核桃、酸枣、瓜子、葫芦等植物的种子。特别是芝麻种子的发现，改变了我们以往的认知：此前，芝麻也被称为胡麻，沈括的《梦溪笔谈》记载，它是由西汉的张骞从西域大宛引进的种子。然而，科研机构对水田畈芝麻种子的鉴定结果，证明了我们在新石器时代就已经有了种植芝麻的历史。

随着农业的发展，接着又是手工业从农业中分离出来，于是有了令今人叹为观止的良渚黑陶和玉器。

今天的人们确实已经很难精确地想象当时的文明是在怎样一种具体的环境中诞生的。拿良渚文化陶器中最具特征的灰胎黑皮陶来说，这种陶器是用快轮制造出来的。先把陶土放在快轮上，借着轮子急速旋转的力量，用手捏塑成各种器皿，有食器、饮器、盛器等，器形规整，厚薄均匀，有的器壁厚度只有 0.15 厘米。待到陶坯半干的时候，进行精工打磨，使陶器表面润滑光泽。由于在烧成晚期封窑严密，用烟熏法进行渗碳处理，烧成的陶器表面呈乌黑色。

良渚文化夹砂黑皮陶罐

对于陶艺的了解,很多人是缘于一部风靡全球的影片《人鬼情未了》中的浪漫制陶场景。然而,对于几千年前的先民而言,这已经不是什么浪漫的问题了。一连串的问题是:谁为他们发明了高速旋转的快轮?谁教会了他们打磨的工艺?谁替他们盖起了第一座土窑?……我们实在无法解开这些谜团,我们只能以一种诚惶诚恐的心情对几千年前先人的成就顶礼膜拜,并以此表达作为后人的荣耀。

接下来的问题是,创造了如此辉煌文明的良渚先民后来又去了哪儿?

根据今天的考古发现,距今四五千年前是良渚文明的繁盛期。可是,在大约距今 4200 年正当良渚文明处于它的巅峰时,却突然从钱塘江、太湖流域消失了,在以后的岁月里几乎找不到它的踪影。

这一文明的断层该作何解释?那个时期,钱塘江、太湖地区究竟发生了什么变故?

考古工作者发现,这一地区的良渚文化层之上普遍存在着一层淤泥或泥炭,其厚度一般为几十厘米,最厚可达 1 米以上。这样厚的淤泥和泥炭绝不是一次洪水所能造成的,而是长期被水淹浸的结果。由此推断:长期遭到水淹正是地势低平、临江面海的良渚文明出现断层的原因。

良渚的先民们尽管雕琢出了精美的玉器,也能磨制细腻的石器,甚至还造出了彭公水坝这样的水利设施,但最终没能实现"人定胜天"的愿望。在大自然的肆虐下,为了寻求更加适宜的生存环境,他们不得不踏上了充满危险的迁徙之路。

举族迁徙，融入华夏，应该是良渚文明的一个合理结局，我们说商代青铜器上的饕餮纹源于良渚玉琮上的兽面纹，就是出于这样一种合理的想象。其实，早先中原的仰韶文化、龙山文化与南方的良渚文化、河姆渡文化应该说是并驾齐驱，不相上下；自良渚先进文化北移，南北文化相撞击交融，大幅度推进了中原文化的发展，而钱塘江、太湖流域却出现了停滞的现象，南北社会发展水平的差距就是从这个时期拉开的。这以后，北方中原进入大融合时期，河北平原的黄帝部落（仰韶文化的后裔），与来自东方的蚩尤九黎族（龙山文化的后裔）以及来自西方的炎帝部落（齐家文化的后裔），在冲突中逐渐融合，终于形成华夏族；而大江以南相对落后的部族则被视为"南蛮""百越"。南方，一度退出了历史的主流视野。

4

《淮南子·览冥训》："往古之时，四极废，九州裂，天不兼覆，地不周载，火爁炎而不灭，水浩洋而不息……"

《山海经·大荒北经》："蚩尤作兵伐黄帝，黄帝乃令应龙攻之冀州之野。应龙畜水，蚩尤请风伯雨师，纵大风雨。黄帝乃下天女曰魃，雨止，遂杀蚩尤。魃不得复上，所居不雨。"

《孟子·滕文公下》："当尧之时，水逆行，泛滥于中国，蛇龙居之。"

《墨子·非攻》：舜禹之际，"三苗大乱，天命殛之，日妖宵出，雨血三朝，龙生于庙，犬哭乎市，夏冰，地坼及泉，五谷变化，民乃大振"。

……

拨开笼罩在这些传说之上的神话迷雾,我们可以看到那一时期可怖的自然灾害给人们留下的印象是何等深刻,即使过了几千年,当学者们追忆起那个时代的时候,他们仍是那么的惴惴不安,心有余悸;而在中国老百姓的文化中,照例糅合了通达的乐观,乐观主义终于战胜了灾害,于是,"女娲补天""大禹治水"的故事代代相传。

探究"杭州"名称的由来,有意思的是,竟是与"大禹治水"这个故事有关。"杭州"之名可追溯至"余杭",相传大禹治水,会诸侯于会稽(今浙江绍兴),至此舍舟航登陆,因名"禹杭"。今天的余杭北面有舟枕山,又名禹航山,山顶有石穴,相传为大禹系舟处。在古文中,"杭"与"航"相通,而后世讹"禹"为"余",故名之(也有学者认为,"余"可能只是一个发语词,但不管怎么说,"杭"字的意思总还是因为"航"的缘故)。另外一说是,大禹南巡会稽,至此造杭(浮杭,一种类似竹筏的船)以渡,越人思之,且传其制,遂名"余杭"。

这实在是一个典型的江南城市的名称,在它的意象里包含了江南水乡最富代表性的一样事物——船。"以船为车,以楫为马",是江南的交通特点;"南人擅舟,北人擅骑",是文化的两种状态。"杭州"这个名词,涵盖了这样一个层面的文化,一部杭州的历史便也与"船"结下了不解之缘。

当中原地区进入周王朝时,杭州一带应属南方的吴越之地,学术界有一种观点认为:以今天的吴山为界,吴山以北属吴国,吴山以南属越国。

这里的人民跟他们的祖先一样过着文身断发的生活，周公的那套礼仪，孔子的那套思想，中原的一切只是遥远而风马牛不相及的传说，甚至连鞋子对他们来说也是多余的。风里来，雨里去，撑条独木舟，鱼是每顿必有的佳肴；大泽里奔跑着不知名的怪兽，尽可以追逐狩猎。身边的一条钱塘江，被他们称为母亲河，沟通着他们与海洋的联系，那是心灵的寄托。

春秋以降，争霸的烽烟终于也打破了往昔的平静，晋国和楚国分别扶持当时被认为蛮夷的吴国和越国，打起了"代理人战争"。而这两个国家也先后崛起称雄，杭州便成了吴、越两国的边界战场，今天是越国的疆土，明天又成了吴王的领地，"城头变幻大王旗"，煞是热闹。也正因此，杭州处于吴越之间，受到了吴与越双重文化的哺育。

今日市区西南的吴山，传即因春秋时为吴国南界而得名。《西湖游览志》上说："吴山，春秋时为吴南界，以别于越，故曰吴山。"遥想当年，吴山之下，仍是一片波涛，吴、越两国的水军驾轻就熟地驾驭着船只，乘风破浪，为了各自的霸业厮杀着。与中原地区乘驷横行的战车阵不同，船只成了这里的重要战斗工具。

越国甚至在今钱塘江南岸、湘湖西北的萧山城厢排列战船，屯兵筑堡坞，号称"固陵城"。据《越绝书·记地传》称："浙江南路西城者，范蠡敦（通'屯'）兵城也。其陵固可守，故谓之固陵。所以然者，以其大船军所置也。"据说，这里可停泊舰船四五百艘，常驻水军有四万多人。

现在，让我们来回顾一下吴王金戈越王剑的故事——

公元前496年，吴王阖闾发兵攻打越国，双方在槜李（今浙江嘉兴市西南）摆开战场。战事进行得血腥而残酷：越国的勇士们二三十人一队走到阵前，毅然决然地掏出短剑刺入自己的胸膛——注意：不是敌人的胸膛，而是自己的胸膛！——这一批倒下去，另一批敢死队又来到阵前如法炮制。这样的自杀式袭击，让吴国的战士胆战心惊，丧失了斗志。结果，兵强马壮、称雄一时的吴国居然败给了越国，而且阖闾本人也被越国的武士挥戈斩掉了脚趾，死于败退途中，史称"槜李之战"。

阖闾的儿子夫差发誓为父报仇，他派人站在庭中，每逢出入，就对他厉声责问："夫差，尔忘越王之杀尔父乎？"他则回答："不敢忘！"

越王勾践听闻夫差日夜训练军队以思报复，便不顾大夫范蠡的劝阻，想要先发制人。公元前494年，越国发大军攻吴。吴王夫差悉发精兵迎战，双方战于夫椒（位于今江苏苏州境内）。这一仗，吴国以哀兵必胜的姿态大败越军，越王勾践仅带着五千败卒逃归。夫差则一路穷追，将越军团团围困在这座固陵城里。

我们不得不佩服范蠡高超的预判能力，如果不是他预先在这里筑起这么一座军船屯扎的固陵城要塞，越国可能就此灭亡了。固陵城，后世又称之为"越王城"。而今天的萧山之所以得名，恐怕也跟这场战争有关。越王勾践在对吴战争中失败，带着残兵败将退至一处山上，"四顾萧然"，定此山为"萧然山"，后世就由"萧然山"而得地名"萧山"了。

夫差布控周边，把守要津，不让一滴水、一粒米运上山，他甚至派人给山上的勾践送去两条咸鱼，以作一种嘲讽的隐喻；却没想到范蠡筑城时早已做好固守的准备，城内水源丰沛，粮食充足，所以勾践在收到两条咸鱼后并不为所动,反而给夫差回赠了两条鲜活的大鲤鱼,留下一段"馈鱼退敌"的传说。

接下来的故事完全是一次颠覆性的重演:

因为打不下固陵城,夫差便接受了勾践投降的请求。而勾践为了报仇雪耻,则采用另一位大夫文种的破吴妙计,准备赠送美女,以乱惑夫差的心志。这个时候,又是范蠡在苎罗山下找到了正在浣纱的绝色美女——西施。

于是,失败的越王勾践怀着"十年生聚,十年教训"的信念卧薪尝胆,而得胜的吴王夫差则带着他的战利品、号称"四大美女"之一的西施纸醉金迷。

作为史上最成功的"女间谍",西施在吴王的宫里独擅专房之宠,让夫差神魂迷乱,并乘机提出一些要求,

萧山越王城遗址上的勾践祠

以消耗吴国的资财。吴王为了金屋藏娇，特意为她在灵岩山建造馆娃宫，铜构玉栏，珠玉饰顶，七宝镶嵌，耗资巨万。宫内还建起一条"响屐廊"，铺以大瓮，覆以厚板，西施穿着木屐，在廊上起舞，铮铮有声，那美妙的声音最终却成了夫差的丧钟。

西施喜欢喝会稽的女贞酒，夫差就命人筑起酒城，专门从会稽请来酿酒技师，酿造女贞酒，供西施享用；西施爱食鲜鱼，夫差就动用数以万计的劳工开渠沟通太湖，引太湖水养鱼……这些传说，倒是为今天的杭帮菜制造了不少的典故。

吴国的大将伍子胥意识到了危险，屡次向吴王劝谏。然而，先知又岂是幸事！孤忠耿介的伍子胥竟遭杀身之祸，尸体被装进一只皮制的袋子里，抛进了钱塘江。这真是一段令人发指的冤仇！据说伍子胥的英灵不散，"随流扬波，依潮来往，荡激崩岸"。很多年以来，杭州人相信，那雷奔电击的钱江潮就是因为伍子胥的怒气而引起的。

今天的科学告诉我们：作为世界三大涌潮之一的钱江潮，是天体引力和地球自转的离心作用，加上杭州湾喇叭口的特殊地形所造成的特大涌潮。农历八月十八日前后，太阳、月球、地球几乎在一条直线上，其时海水受到的引潮力最大，而沿海一带常刮东南风，风向与潮水方向大体一致，也助长了潮势，所以"八月十八潮，壮观天下无"。钱江潮如今已经成为杭州的一张特殊名片，自 2010 年起，每年农历八月十八，中央电视台都直播钱塘涌潮。但古人的知识体系无法解释这一汹涌的大潮现象，所以他们把潮水的生成与伍子胥的蒙冤怒吼联系在了一起，在古人搜神寻异的志怪书籍里，甚至有见到伍子胥"乘素车白马，在潮头之中"的记载。而伍子胥也被杭州人奉为潮神，吴山上至今仍建有伍公庙，祭祀着他的英灵。

吴山上的伍子胥庙创建已有两千多年,可以说是杭州最早的庙宇之一。宋仁宗时郡守蒋堂重建,王安石曾作《伍子胥庙铭》。历代人们到此祈求平安,不为民害,所以此庙的香火一直十分兴旺,现在的建筑当是2006年依清代格局重建。

有趣的是,民间还传说:越国的大夫文种后来也在越王勾践"狡兔死,走狗烹"的理念下含冤而死,伍子胥的神魂从海上而来,把文种的灵魂从坟墓里携带了去,两人的冤魂都在江海漂浮,一起做了潮神。当钱塘江的浪潮来时,前面汹涌的潮水,那就是伍子胥;紧跟在后面的重叠的小波浪,那就是大夫文种。

两个人生前原是敌国的谋臣,钩心斗角,各为其主,想不到死后竟成了同病相怜的知心朋友,这大约正是普通百姓对忠直者的善良愿望吧。

钱江潮奔流到海,终于又回归海洋。

而俏西施在馆娃宫的曼妙身姿和伍子胥屹立潮头的刚烈秉性,却已经给这片土地注入了婉约与豪放并存的基因种子。

这正是大海的性格!时而风平浪静,柔美温婉;时而波涛汹涌,狂放不羁。

转眼间,越王的复仇之战终于降下了帷幕。吴越之间的争霸故事现在看来倒有些像"鹬蚌相争"的寓言,最后南方的楚王成了寓言里的渔翁。吴也灭了,越也灭了,这里又成了楚国的江南地。而楚国终究也不能长久地拥有它，当六国的烽烟终于归之于秦的一统，杭州也终于始见诸史籍。

有意思的是，这段历史仍是由一艘大船牵引着：

《史记·秦始皇本纪》载，秦王政三十七年（前210），始皇出游，"过丹阳，至钱唐。临浙江，水波恶，乃西百二十里，从狭中渡"。文中的钱唐，即钱唐县，这是杭州最早的行政设置，当时的县治在灵隐山下。至

钱塘江潮

于钱唐的得名，《淳祐临安志》的释文是："唐者途也，所以取途达浙江者。其地有钱氏居之，钱，古钱字，因以为名。"而设县的时间，有的说是在楚国末期，也有的说是在秦王政二十五年（前222）。钱唐后来改叫钱塘，所以今天的杭州人仍有自称钱塘人氏的习惯。

秦始皇统一六国后，这位颇有创意的君主开创了后世帝王巡视天下的先河。为了加强对新占领地的统治，他不辞劳累地五次到各地巡视，宣扬自己的威德。秦王政三十七年（前210），江山一统十一年后，他最后一次出巡时到了钱唐。

相传，这位一代雄主是乘着他的大龙舟来到这里的，他最亲信的左丞相李斯、少子胡亥陪同着他。他们从咸阳出发，沿驰道东南行，到达云梦。在这里，他遥祭葬在九嶷山（位于今湖南宁远县）的虞舜，而后乘船顺长江东下，经过丹阳（今属安徽马鞍山市博望区）进入今天的苏南地区。这里在秦时仍是一片低洼的沼泽地，港汊纷歧，河道纵横。始皇帝东巡的船队循着内河，经过今天的湖州、杭州的临平和皋亭山的阼湖，从上塘河古河道进入钱唐。他们此行的目的是去会稽（今浙江绍兴）祭祀大禹陵。钱唐在当时只不过是会稽郡下属的一个山中小县。

秦统一六国后，是凭着原先的聚居点和城邑为基础来设置郡县的。李斯作为中国统一后的第一任丞相，受命全面推行郡县制。而在最早设置的一批县中，杭州地区竟占了三个：钱唐、余杭、富春。这当然是由于这里地处"两浙要冲，江海之会"，区域位置重要的缘故，而这样的安排已经预示着杭州的前景决非只是一个山中小县的地位。也许胸怀大局的嬴政和李斯当时就已预见杭州湾钱塘江边的这片土地决非仅仅是容纳钱唐一县的

秦皇缆船石

小地方,而需要从战略地位和人文潜力考虑这个区域的发展前景。

相传秦始皇把船停泊在宝石山下,船缆系在一块临江的大悬岩上,后世称这块岩石为秦始皇缆船石。北宋宣和年间(1119—1125),有个叫思净的僧人,将这块缆船石雕凿成一座半身的佛像,还建造了佛殿,称为大石佛院,就是今天葛岭残存的大佛寺。

秦始皇到了钱唐后,登上武林山,临江眺望,要选择一处渡江去会稽山祭奠大禹,但只见江面辽阔,波涛汹涌,无处可渡。这位不可一世的帝王,也只得望洋兴叹,知难而退,不得不下令解缆起航,继续西行约一百二十里,选择了江面较窄的今富春江一带,横渡到对岸,登上山阴的会稽山,祭奠大禹陵。

根据《史记》上的这条记载,可以推测当时西湖以东还是个海潮出没之地,现在的江干一带还在海中,和南岸的西兴隔着一片辽阔的水面。这一带的地形还是一

宝石流霞

个河口,没有形成河道,水面很阔,风浪巨大,所以秦始皇难以在这里渡江。

这一场风浪一定很扫始皇帝的兴,然而,杭州的老人们讲起这个故事来却是眉飞色舞,颇有些李太白当年"天子呼来不上船"的得意劲。想想也是,谁能不卖普天之下皇帝第一人的面子呢?也只有这汹涌澎湃、狂放不羁的钱塘江潮了。钱塘江潮锤炼了杭州人的精神,后人把这种精神归结为"杭铁头"三个字。而秦始皇当年登高瞭望的地方,遂被称为秦望山,据说就是今天西湖南面的将台山。

秦始皇的龙舟连同他的千秋功业早已灰飞烟灭,故地登临,谁还会意识到那一轮明月仍旧是秦时的明月?

然而，一座城市的命运竟如此紧密地与船联系在一起，却不由得使人感慨系之。一艘踏波履浪、饱经沧桑的船便是杭州的最好城标，因为船就是这座城市的历史。

这是一座来自海洋的城市，这是一座因船而生的城市，有了船，沧海便变成了桑田。

评曰：

从海洋到陆地，从吴风越雨到秦时明月，这座城市从肇始起就埋下了柔美与刚烈的兼容基因，在刚柔相济中坚韧不拔地创造着自己的历史，提供着历史文化发展有迹可循的生动标本。

大事记：

*汉承秦制，以钱唐县属会稽郡。

*汉武帝元狩年间（前122—前117），置西部都尉。

*汉平帝元始四年（4），王莽改钱唐县为泉亭县。

*汉光武帝建武元年（25），复名钱唐，改属吴郡。

*汉献帝建安二年（197），设吴郡都尉。

第二章
西湖的千年等一回

1

苏东坡说:"杭州之有西湖,如人之有眉目,盖不可废也。"

杭州的出名,在从前确实大半是因了西湖。20世纪90年代的时候,连续剧《新白娘子传奇》风靡全国,一曲《千年等一回》再度唤起了全国人民对西湖的无限痴恋。听着这首歌,你会忍不住想象:是个怎样的书生在经历了许多风月场上的柔肠寸断后,睹物伤情,才有了这么一个千古温柔的西湖梦。

在那个时代,这首歌的普及程度可以说已经达到了妇孺皆知的地步,大江南北,人人都会哼唱。这其实是给杭州做了最好的城市广告,而这首《千年等一回》在许多人心目中也就成了杭州的市歌。现在有不少城市为了提高知名度,千方百计地编造各式各样的传奇,但迄今为止还没有超过"白蛇传"的。那个爱情至上的人蛇相恋故事,实在是极巧妙地把杭州的风情传达了出来,当然,也把西湖的情韵给烘托了出来。

断桥

西湖,确实是哺育了杭州的母亲湖。没有西湖,就没有杭州;而先有西湖,后有杭州的说法,大抵也是不错的。

那么,西湖是怎么形成的?又是在什么时候形成的呢?

按照英国著名地质学家该克衣(Geikie)的权威说法,湖沼生成的原因大致可分为三种:一是地面升降变动,造成一盆形的陷穴,如俄国的贝加尔湖;二是风霜剥蚀的结果,剩下一个千疮百孔的地面,不久就形成了湖泊,如我国的青海湖;三是因河流流水所带下的泥土,或者山崩的时候落下的石块,把河道的出口堵塞,如美国的五大湖。西湖生成的原因,学界普遍认为是第三种。

我们已经说过，上古时期，杭州和西湖都还没有形成，这个地区还淹没在海水里，只是在浅海里伸出了两个半岛，也就是今天的宝石山和吴山。这两个半岛南北对峙，围抱成一个小小的海湾，陈桥驿教授把它称为"武林湾"。武林湾的北面较远处是长江河口，南面则紧邻着钱塘江河口，两条江水裹挟着泥沙向内席卷而来，泥沙越积越多，武林湾就慢慢地与外部的海域阻隔开来，变成了一个潟湖。竺可桢教授推算这个年份至少在12000年以上。

潟湖刚刚形成的时候，湖里的水还跟海水一样，是咸的。后来经过各处山坞里流出的溪水不断稀释，才变成了淡水湖，即日后的西湖。而西湖开始形成的时候，面积也要比现在大得多，由于西湖的地形，南、西、北三面均为山所围绕，三面群山上的泥沙又不断注入西湖，逐渐淤积起来，形成了陆地，西湖的面积因而变小，而杭州这一片冲积平原也终于在东面形成，所以说是"先有西湖，后有杭州"。

西湖初成的时候，里湖的面积比外湖还大，但因南北诸高峰川流汇集，里湖处在靠山这一边，泥土淤积得更快，如金沙港、茅家埠等处，就是溪流带下的冲积土所成，里湖的面积就大大缩小了。这也是历经唐、宋、元、明、清各代，西湖都要不断开浚修葺的原因，否则，不但里湖早已遭到了淘汰，就是外湖恐怕也要为淤泥所充塞了。换言之，西湖若没有人工的疏浚，一定要受天然的淘汰。杭州之所以有今天的美丽西湖，也是历代杭州人保护自然、保护环境的结果。

说到保护西湖的第一人，据信是东汉时期一位名叫华信的郡议曹。议曹是议曹从事史的简称，是汉朝郡县的属官，掌参议谋划，多以境内名士担任。

我们前面说过，秦始皇到钱唐时还曾乘船进入西湖，在湖边一块巨石上系舟。秦始皇的船能进入西湖，可见当时西湖还与江海相通，武林湾还没有完全封闭。今天的学界一般认为西湖是在汉代才闭合的，至于是在西汉还是东汉，各有说法，大多倾向于东汉。当然了，那时候还不叫西湖，而叫钱唐湖，一直到白居易的时代，正式的名称仍叫钱塘湖，如白居易著名的《钱塘湖春行》，还有《答客问杭州》中的"山名天竺堆青黛，湖号钱塘泻绿油"。不过，因湖的位置在城西，也有用"西湖"作代称的，如白居易的《西湖晚归回望孤山寺赠诸客》。而以"西湖"作为正式名字，则要到宋代。

然而，即便是在东汉时期，刚刚成形的西湖也时时要受到江海潮水倒灌的威胁。杭州最早的一部地方史志、南朝刘宋时钱唐县令刘道真的《钱唐记》一书，记载了华信筑防海大塘的故事："郡议曹华信乃立塘以防海水，募有能致土石者，即与钱。及成，县境蒙利。"

这则短短几十个字的记载，被后人添油加醋地演绎出一段民间传说：

说是秦置钱唐县后，县治就一直在灵隐山下，老百姓在山麓和靠近山麓的田野从事着农业耕作。但农田的用水很不方便，因受海潮倒灌的影响，水又咸又苦。天一旱，收成就很差，旱久了颗粒无收。华信目睹此情，深为百姓疾苦而忧，他经常带着众人从葛岭向西翻过老和山、灵隐山，到南高峰、玉皇山和吴山去寻找水源。

有一天，华信又来到玉皇山顶。他遥望远方，当时正值海水退去，浅浅的海滩露出水面，海湾形成了一个湖，被南北山丘所环抱的水面波平如镜。华信想：如果在东面露出水面的陆地处筑一条堤塘，不就可以留住这一湖水了吗？

于是，华信放出风声，要招募民工运土筑塘，每运土一斛，付给一千钱的报酬。消息传出，贪图奖赏的大批民工纷纷肩扛担挑地运送土石，聚集到这里来。但是，他们来了之后发现根本没有人来筑塘，县里也没有为此付钱。扫兴之下，大家只得就地倒掉土石回家去了。而这些被倒掉的土石堆得很高，竟自然地成了一条塘。因为原先约定运土是要付钱的，所以就把这条海塘称为"钱塘"。据说，这条堤塘就是现在湖滨路的前身。

这个故事里不乏民间的狡黠式智慧，但是仔细一想却是不成立的：一位郡县的官员，岂能像奸商那样不讲信用愚弄百姓，对民工赖账不付？而随便乱倒的泥土，当然也不可能形成一条有效的防海大塘。而我们也知道："钱塘"的名称是因秦置钱唐县而来，后随文字的演变而改称钱塘，并不是付钱筑海塘的意思。

其实，倘若确有华信其人筑防海大塘，其功能应是防御海潮冲击吞没陆地。这也说明华信所筑防海大塘的内侧早已成陆，而且已有较大型的人群聚落存在，否则，何必兴师动众筑此防海大塘呢？

当然了，防海大塘并非虚构，刘道真《钱唐记》记述得很清楚："防海大塘，在县东一里许。"说得很肯定，又有精确的位置，说明此塘在刘道真所处的刘宋时期还存在。筑塘的目的，当然是为了保护在它西面县境内的百姓，同时也起到了保护西湖的作用，使它免受涌潮和泥沙的威胁。所以，学者钟毓龙在《说杭州》里称："华信实为西湖之第一元勋。"

2

西湖，在汉代的时候倒确实出了一桩诡异的事情。

据说，有一头金牛从湖中央升了上来，劈波斩浪地冲出了水面。人们被如此怪异的现象吓坏了，甚至没人敢去看一眼，不知这头金牛最后去了哪里。郦道元的《水经注》记录了这件事情，并且给了西湖一个新的名字：金牛湖。

相传金牛的出现处，即在今涌金门内之涌金池，所以，今天的涌金池里还塑有一尊金牛出水的雕塑，供游人观瞻。因金牛涌现，人们以为这是明圣之瑞，故又称西湖为明圣湖。

对于后一种说法，清代的赵诚夫和现代的徐规、林正秋等学者都持反对意见，赵诚夫甚至还认为明圣湖应该是转塘定山的铜鉴湖而不是西湖——顺便说一句：

金牛献瑞

就在本书撰写之时，转塘铜鉴湖的恢复工作也已开始进行——但杭人学者钟毓龙却认为："明圣二字为美名，人喜用之。临平湖附近，旧亦有明圣湖……"所以西湖又叫明圣湖也完全说得通。

我们说今天的西湖是在汉代开始形成的。因为有了滋养生民的水源，这一带的老百姓才开始从西湖的群山中向西湖之北的平原地区迁移，而西湖和杭州这一方水土也终于迎来了第一次外来人口的迁入。

汉武帝的时候，钱唐仍旧是会稽郡下属的一个县，但雄才大略的皇帝却把会稽郡的西部都尉治所设在了钱唐，又在钱唐县的对岸添置了余暨县，也就是今天的杭州市萧山区，隔水相望。西部都尉系管理武事、备海的武将，也代指其掌管的军事机构，治所一般设在水陆交通要地，地位仅次于郡治。西汉会稽郡的郡治在哪儿不得而知，但按例西部都尉与郡太守是分庭而治的，由此我们可以排除钱唐作为郡治所在地的可能。与此同时，汉武帝开始把北方的一些大族迁到江南来，杭州一带迁来了许多北方人。

西湖在它的"千年等一回"里等来了第一代的北方移民。

当时的吴越之境，地广人稀，人们仍处在刀耕火种的落后状态。我们在前一章节中说到良渚文明的北徙，使得中原文明得到极大的发展，而钱塘江、太湖流域却相对滞后。现在，先进的中原文明终于又南下反哺这块土地。

人口的大量南迁，以及由此而伴随的财富与技术的流播，对于当时人口稀少的家园的建设当然是有极大好处的。然而，了解真相的人知道，这一次的迁徙其实是跟不久前的一次叛乱有关。

叛乱发生在汉武帝的父亲汉景帝当政的时候。汉初实行郡国并行制，就是一方面实行中央政府直辖的郡县制，另一方面又把刘姓宗亲分封出去，建立诸侯国，共同朝贡中央。但是，这样做的结果是造成了一些诸侯国尾大不掉，甚至与中央政府相抗衡。汉景帝接受大臣晁错的建议，想要削弱诸侯国势力，但很快引起诸侯国的强烈反弹，引发了以吴王刘濞、楚王刘戊为首的"七国之乱"。

中央政府一开始的应对思路是委曲求全，所以，处死了削藩的倡议者晁错，以向叛乱的诸侯国示好。然而，一味的退让却让叛乱者的气焰更加嚣张。最终，凭借着周亚夫等一些杰出将领的武力支持，"七国之乱"终于被镇压下去。但叛乱是由南方的两位诸侯王倡导的，南方的土族在叛乱中起到了最主要的作用，这还是给后继的汉武帝留下了深刻的印象。他在颁布"推恩令"等一系列进一步削藩的政策后，更是不忘把北方的大族遣往南方等地，以削弱、分化与中央相抗衡的力量。所以，第一代的北方移民其实是中央有计划、有组织地安排的，就像自然界中，周边山川的溪水被引入西湖，以冲淡湖中原有海水的咸度一样，中央希望冲淡吴、楚叛乱势力下的反抗情绪。

皇帝的想法当然不是每个人都能了解，背井离乡、举家迁徙在很多人眼里终究不是一件愉快的事情。当那些北方大族被迫带着他们的家人、部曲来到南方时，他们一开始未必心甘情愿。但南方的土地在秋后给予他们的收成却让那些原来在盐碱地里艰难觅食的北方农民兴奋不已，最初背井离乡的不适感很快被现实的丰厚回报冲得一干二净，他们很快在这里建立起自己新的家园。而中原文明的输入，也使得这片南方的土地迎来了新的生机。

汉朝真是一个漫长的朝代。湖山蕴蓄着时间赏赐的美，西湖以及后来的杭州都在它的蕴蓄之中。

———

逮至西汉末年，执政的王莽先生好复古，把钱唐县改为了泉亭县。在古汉语中，"钱"通"泉"；而"唐"，《说文》云："大言也"，段玉裁注："引申为大也"。所以，王莽将"钱唐"更名为"泉亭"，也算是颇合古义的。然而，王莽的复古终不长久，"泉亭"这个名字今天也没几个人晓得。

东汉初年，县名又改回旧称"钱唐"，不过，这会儿它却连一个县的建制都保不住了，被归为余杭县管辖。一直到东汉后期，皇帝一时心血来潮才又恢复钱唐县。总之呢，整个秦汉时期，杭州只不过是一个默默无闻的山中小县，三面环山，东南一面临水，与大海相通。现今的杭州城区彼时尚在海中，后来由于钱塘江水流带下和海潮涌上的泥沙不断堆积，逐渐形成陆地。而湾内的一池西湖水，温柔地哺育着这一方的人民，耐心地等待着一个城市的成长。

这期间，不断有人从山中来到新兴的平原，不断有人从异地来到这片新的土地，建设他们新的家园。我们今天很难统计在两汉的四百余年间，有多少中原士族被迁徙到了杭州这块土地上，但有一点是肯定的，两汉期间杭州的不少名人都来自北方，其中最著名的当数严光严子陵。

3

在桐庐富春江岸的山脊上有一块离江颇远的巨大岩石,据说它曾经是严子陵垂钓的地方,后世称之为"严子陵钓台"。今天的游客登临此处,无不诧异:在那样的高处怎么可能垂钓呢?要解释这个问题确实是困难的,或者我们可以用地形地貌沧海桑田的变化来作现实的说明,或者仅仅是因为人们对严子陵清高绝俗的浪漫想象。但不管怎么说,严子陵在富春江上钓鱼隐居,却是有确凿的史书记载,尤其是宋代名臣范仲淹特别敬仰严子陵的高风亮节,在钓台下为严子陵建起祠堂,并写下了著名的《严先生祠堂记》这篇文章。文章的篇末有千古流传、脍炙人口的名句:"云山苍苍,江水泱泱。先生之风,山高水长!"这也成了历代对严子陵的最高评价。

根据《后汉书·严光传》的记载,严子陵是会稽余姚人。但明代杨慎的《丹铅余录·续录》卷七却这样记载:"严光为梅福婿。余见故迹遗文有严光碣,略云:光本姓庄,字子陵,本新野人。其妻梅福季女也。少与光武同学,及长避乱会稽。又考《任延传》云,天下新定,道路未通,避乱江南者皆未还中土,会稽颇称多士。延为会稽都尉,如董子仪、严子陵皆待以师友之礼。以此证之,子陵非余姚人,明矣。范煜失于考也。"——明确认定严子陵是从中原的河南新野避乱来到南方的会稽郡的。

严子陵与光武帝刘秀曾是同学,而刘秀是河南南阳人,从史书记载来看,刘秀青年时期的求学范围并没有超出河南境内,那么,严子陵也应该是在河南求学时而结识刘秀的。据此,按照当时的地理交通状况和人们求学、迁徙的轨迹来分析,严子陵原籍新野,后来才迁至会稽,似乎更说得通。而后世的一些严氏族谱也证实了这一点,如贵州省贵阳市龙洞堡《天水郡富春堂严氏族谱》就记载:

"严光,字子陵,原名庄光。河南新野人,其父尹新野。光少有高名,与汉光武刘秀同学,有故交。因王莽篡位,天下离乱,中原士庶播迁江南。光至会稽余姚,家焉。"

我们在此无意于考据严子陵的籍贯,其实,无论严子陵的原籍是河南新野还是浙江余姚,都毫不妨碍当地对这位高士的纪念,而严子陵后来的主要事迹在浙江也是不争的事实。

因为严子陵曾经跟东汉的开国皇帝是同学,刘秀当了皇帝后,多次力邀这位老同学到朝廷做官,但都被严子陵拒绝了,他还改名隐居到了富春江畔。刘秀求贤若渴,遣使备置安车、玄纁,三聘后严子陵才来到京都洛阳。在洛阳期间,曾与刘秀同榻而卧。据说,严子陵很不客气,晚上睡觉的时候直接把大腿搁在了皇帝的腹部,光武帝脾气好,怕吵醒了老同学,还一直不吭声,但负责观看天象的史官却惊慌失措地奏报"客星犯御座"。

这样的故事当然让光武帝博得了求贤若渴、宽怀能容的美名,那么严子陵最终是找到了怎样的说辞拒绝光武帝的呢?

据说,严子陵是用了富春江特产鲥鱼来打动皇帝的。鲥鱼是我国名贵的食用鱼之一,在南方的长江、钱塘江、珠江水系都有出产,而尤以杭州富阳、桐庐一带出产的富春江鲥鱼最为著名。鲥鱼鲥鱼,鱼如其名,是一种季节性、时令性很强的鱼种,每年初夏时出产,其他月份就不复有了。因为它平日生于海中,每年只在夏初才进入江中淡水产卵,到达之处最北不过南京,再上游便少见了。

鲥鱼是唯一可以带鳞吃的鱼。富春江鲥鱼的唇部微

严子陵钓台
旧影

有胭脂色,阳光下鳞片间有鲜艳的七彩时隐时现,因此更加名贵。而鲥鱼也十分爱惜自己的鳞片,渔夫用丝网捕鱼,一丝挂鳞,这种鱼就不动了,被捕后也不再像其他的鱼那样活蹦乱跳地挣扎,为的就是保护自己美丽的鳞片不致掉落,所以它是宁可丧生也不肯失鳞片,苏东坡称之为"惜鳞鱼"。

我们今天经常把一些爱护名誉的人说成是"爱惜羽毛",爱惜鱼鳞和爱惜羽毛应该是一个意思了,严子陵就是以鲥鱼作譬,表达了自己清高脱俗的志向。

有一天,严子陵向刘秀描述了自己在富春江上垂钓鲥鱼并清蒸下酒的闲适洒脱生活。皇帝连声称好,富春江的鲥鱼也勾起了他的食欲,于是他很神往地表示也想尝一尝鲜，而严子陵却不失时机地接过刘秀的话头说："既然如此，我过得这样闲适洒脱，你怎么忍心让我得而复失这种美好的享受呢？"刘秀顿时无语，终因拗不过严子陵，只好让他继续归隐富春江畔，享受那种无拘无束的游钓隐逸生活了。

在中国人的价值评判中，"达则兼济天下，穷则独善其身"，一直是两种理想的境界，所以，历代对严子陵这种洁身自好的隐士也都是采取仰慕、推崇的态度。

也许是山川钟秀又远离政治中心的缘故，杭州历来为一些隐逸高士所钟情。传说上古时期，唐尧想把天下禅让给高人许由。许由结志养性，心如磐石，宁愿优游山林，也不愿求禄位功名，听到尧想让位给自己的消息，感到耳朵受到了污染，做了一番"临水洗耳"的行为主义表现后，逃到杭州的武林山下隐居起来。而此后，在浩瀚史籍中寥若晨星的著名隐士，杭州又占了两席：严子陵以及后世的林和靖。可以说隐士们的这种高风亮节，也潜移默化地影响了杭州人的精神，杭州人谦让隐忍、通达乐观的性情实源于此。

这是一座虚怀若谷、志虑高洁的城市，这里的人们推崇名节、推崇礼让，继承的正是先贤的精神财富。

4

我之所以断言严子陵是从北方侨居会稽的"第一代新杭州人"，还有一个有力的佐证，那就是三国时期东吴立国所依托的世家大族，如吴郡的顾、陆、朱、张，会稽郡的虞、魏、孔、贺，都是从北方迁徙来的，土著钱唐县的大族只有全、褚、范、杜四姓，而后世以唐代大书法家褚遂良著称的褚家，其先祖也是从阳翟（今河南禹州）迁居钱唐的。可见，在整个两汉时期，曾经有过一次从北方到南方的人口大迁徙，我们姑且可以把它看作是"永嘉南渡"之前的一次探索之旅。

今天的杭州富阳人津津乐道于这里出了个吴大帝孙权。据孙氏家谱记载，从三国一直到民国二十八年（1939），富阳龙门古镇的孙氏家族繁衍了65世不绝，时至今日，古镇里的7000多居民90%以上都自称是孙权的后裔。确实，孙权的籍贯是不容置疑的，《三国志》《后汉书》等都明确记载：孙权，字仲谋，祖籍吴郡富春（今浙江杭州富阳）。这是一位地地道道的杭州人。

现在，就让我们来说说这位东吴大帝的故事：

有一种鸟，世上没有人见过它，然而人们却崇拜它，尊它为鸟中之王。这种鸟的名字叫凤凰。

没有见过的东西，人们总幻想着见到它。汉灵帝光和四年（181），当时的人们以为见到了凤凰——这件事记载在官修的正史里，恐怕还真不能当作一般的空穴来风。

据《后汉书·五行志》记载，这一年岁末的某一天，有两只五色大鸟现于河北涿郡新城县的上空，顿时引来许多鸟类。其他的鸟雀纷纷围绕着它们飞舞，啾鸣，时人奔走相告，举头注目，以为出现了凤凰。

除夕将近的天空，飞来飞去的一对凤凰。

这么盘旋了大约有一个时辰，两只五色大鸟在万众瞩目之下，一只投西，一只奔东而去。

　　第二年,在中国的东部降生了一个在未来时代里举足轻重的人物:孙权。

　　孙权的家乡是以一条异常秀美的富春江而著名的。传说,他应该是春秋末年吴国名将、著名的《孙子兵法》的作者孙武的后代。不过,这个显赫的身世到了他祖父孙钟这一代却早已衰落。事实上,他的祖父只是富春王洲一个种西瓜的农夫而已——王洲这个地名当然也是孙权称王之后改的。

　　孙钟虽然只是一个种西瓜的农夫,却天性善良、乐善好施。据说有一年,他种的十八亩瓜田只结了一个瓜。有三位神仙化作三位少年路过瓜地,向他讨要这唯一的一个瓜,孙钟毫不吝啬地给了他们半个,剩下的半个,

孙权故里——龙门古镇

孝子孙钟要敬奉给他的老母。神仙们被他的行为感动了，留下话说，日后若向前百步筑坟葬母，孙家子孙将为帝王——当然了，因为只施舍了半个瓜，所以孙氏所能拥有的江山也只能是一半——孙钟可没想过做帝王这档子事，但他还是照神仙说的那样做了。

从孙钟的儿子孙坚开始，家族的命运真的改变了。在后汉三国这个乱世舞台，孙权的父亲孙坚算得上是最早登场的英雄之一了。

孙坚是凭着自己的胆勇摆脱了"种瓜得瓜"的命运。

十七岁的时候，孙坚随父乘船到钱唐去，途中正遇海贼十余人劫取了商人财物，在岸上公然分赃——海贼出没,再次证明了杭州当时的地理状况——而善良懦弱的人们见到如此嚣张的海贼,竟都噤若寒蝉。于是行旅皆住,船不敢进,要等着海贼们分赃完毕呼啸而去后才敢动身。然而,十七岁的少年英雄却独自提刀上岸,扬声大叫,并且以手东西指挥,宛如招呼众人包围海贼。海贼们果然上当,以为有许多官兵到了,尽弃财物作鸟兽散。孙坚奋勇追赶,砍杀一贼而还。由是,孙坚的大名远近皆知。官府征召他去当了一名县尉,后又升迁至会稽郡司马,成了东汉皇朝地方上的一名军官。

在随后镇压黄巾起义的战斗中,孙坚的官职也一路攀升。

孙权是在孙坚当下邳县丞时出生的。据《江表传》记载,孙权生得方颐大口,生下来就目有精光。而《搜神记》的记载则更笼罩了一层神秘色彩,说是孙权母亲吴夫人生其兄孙策时,梦见天边的月亮撞入怀中;而在生孙权时,又梦见太阳撞怀。

孙氏父子前赴后继、艰难创业的故事通过《三国演义》的渲染已经家喻户晓,富阳人也以有这样的乡贤而自豪,今天的富阳龙门、王洲等地都还保留着孙氏故里的旅游景点。但说实话,孙坚离开家乡后一直在外征战,马革裹尸,再也没有回过富阳,而史书中也没有孙策、孙权兄弟到过富阳的记载。就孙权而言,他生于江苏邳县,长于湖南长沙,后来的行踪都可以在《三国志》上查到,唯独没有衣锦还乡的记录。但作为东吴的统治者,孙权对故乡还是足够重视的。据《三国志》记载,他手下的重要谋士阚泽,也就是《三国演义》里替黄盖去给曹操下诈降书的那位,曾经被任命为钱唐县令;东吴后期的重臣、孙权的女婿全琮被封为钱唐侯;而孙权的族侄孙韶则被封为邻近的建德侯。

东吴还进一步沿钱唐、余杭、富春、於潜（今临安区於潜镇）四个原有的县向西拓展，增设了临水（今临安）、桐庐、新城（今富阳区新登镇）、建德、新昌（今建德市寿昌镇）、始新（今淳安）、新定（遂安，今已没入千岛湖中）七个县，这样的区域划分已经基本覆盖了现代杭州的疆界范围。

需要补充交代的是：东汉的时候，钱唐已经从会稽郡（今浙江绍兴）属下改划归为隶属吴郡（今江苏苏州），孙策、孙权则沿用汉武帝设西部都尉的做法，在钱唐设置吴郡都尉治，以提高它的地位，大将程普被任命为首任吴郡都尉。钱唐的县治也从灵隐山下迁至了钱湖门外，杭州人终于走出山中，来到了平原。

至于西湖，在这个时期还远远没有以山水闻名，而仅仅是起到汲水饮用和农业灌溉的作用，所以说，西湖养育了杭州人，那是一点都不错的。

当然了，这个时期富春的地位还是重于钱唐，孙吴创立东安郡于钱江下游，即以富春为治所。这一方面是因为孙权对家乡的偏爱，另一方面也是地理形势所决定的，因为当时江海交汇南北津渡处，实在今之富阳，而不在老杭州。

孙吴政权是由汉末从北方迁徙到江东地区的强宗大族拥戴江东本土具有战斗力的孙氏集团而建立的，孙权手下的重臣像张昭、顾雍、陆逊、朱武等都出身于北方世系的豪门大族，因而孙吴政治社会的势力完全操在地方豪族之手，当时有所谓"吴地四姓"之说：顾、陆、朱、张。这四族基本垄断了吴郡的上层统治序列。后人因其各自家族的门风特点，对他们作了归纳：顾厚、陆忠、朱武、张文，意思是顾家门风厚道，陆家门风忠诚，朱家多出武将，张家以文才著称。而这种门阀家风也正是北方大族世代浸淫儒家文化而形成的，这些大族的南迁势必也将儒家文化播迁到南方的疆土。

历史上南方的割据者往往都采取看似低调的政策——审时度势、保境安民，孙权可以说是这套方略的创始者。这种政策，恐怕也是南方的地理环境和人文精神所决定的。长期以来，南方总是作为中国历史的后院而存在，中原逐鹿和问鼎跟这里有漫长的距离，也正是因为这份距离，使得这里可以或多或少地避开了战火和兵燹。当然，这样的抉择跟统治者的个人禀性也密不可分。

孙权能够保有江东，除了他"性度弘朗，仁而多断"，善于用人外，还在于他的隐忍与韬晦。《三国志》引《魏略》记载："权闻魏文帝受禅而刘备称帝，乃呼问知星者，己分野中星气何如，遂有僭意。而以位次尚少，无以威众，又欲先卑而后踞之，为卑则可以假宠，后踞则必致讨，致讨然后可以怒众，众怒然后可以自大。"这段文字明白地交代了孙权的韬晦策略：曹丕、刘备先后称帝，他却不急于跟上，先向曹魏称臣示卑，等到东吴群臣都以此为耻时，他再转变对曹魏的态度，先恭后倨，这样必定会招致曹魏的讨伐，而他也正可以利用曹魏的大军压境，来激起东吴的众志成城。

在三国的乱世中，东吴相对成了一块太平的净土。

从草根出身的皇帝孙权身上，我们看到的是南方人韬晦的智慧，这在后来，几乎已经成了这座城市最主要的价值范式，而在后世杭州人的性情中，也或多或少地遗传了这种韬晦隐忍、审时度势的基因。

千年等一回，西湖为这座城市唱响了序曲。

而千年等一回的重点在于一个"等"字，在这句子的结尾，将开始下雨，在雨的边缘，是一些烟雨中的楼台……

评曰：

杭州是一座南方城市，但却有着北方的基因。它的居民中有很多是来自北方的移民，这种移民基因生成了它大气开放、兼容并蓄的城市精神，而作为"历史后院"的南方的特殊地理位置，又赋予了它韬晦隐逸的智慧。这座城市的可塑性正经历着历史的洗礼。

大事记:

* 东晋咸和年间(326—334),印度僧人慧理建灵隐寺,道士葛洪在葛岭炼丹修道,佛道两教在杭州开始广为传播。
* 南朝梁太清三年(549),侯景升钱唐县为临江郡,后改称钱唐郡。

第二章

烟雨楼台中的
六朝故事

1

东晋咸和元年，也就是公元 326 年，钱唐设县以来屈指一算也有 500 多年了，这里的人们安安静静地过着他们波澜不惊的生活。

应该是一个烟雨蒙蒙的时节，一叶小舟向着武林山（即今灵隐山，当时为钱唐县邑所在）摇来，欸乃声中，一位胡僧屹立船头向着此处眺望。关于他的形象，你可以从传世的达摩画像中加以想象，大抵也是黝黑的皮肤，凹眼高颧，人高马大，披蓑戴笠。

跟前期所有的传道僧人一样，这位胡僧也来自佛教的发源地——天竺（古印度）。

公元前 324 年，印度出现了第一个统一的帝国——孔雀帝国。到了孔雀王朝的第三代君主阿育王时期，在佛教典籍里，阿育王也被称为"无忧王"，这位伟大的君主痛感杀戮罪孽太重，于是"放下屠刀，立地成佛"，皈依佛门，将佛教定为国教，并且有计划地派遣僧人，开始向世界各地传播佛教。据说阿育王在位期间，曾建

理公之塔

造了 8.4 万座佛塔,向周边国家派去宣扬佛法的高僧和包括王子、公主在内的使节,先后共有 265 人。中国也是他们传教的目的地之一。

佛教初传入中国,按照文化人类学的说法,它是一种独异性的文化。那时,中国社会把佛教看作外国人的宗教,只为来华的外国和尚和少数标新立异的中国人所信奉。这些"怪人"的宗教信仰和行为对于当时社会的影响极小,处在若隐若现、时有时无的情状之间。这种恍惚迷离的情状,即由研究"佛教在什么时候传进中国"这个问题上的分歧,也可以看出来。

佛教什么时候进入中国,有不同的说法:

有人认为，最早可能在周朝末年，也就是与佛陀几乎同时的孔子时代。证据是《列子》这部书中记载了孔子的一段话："孔子动容有间，曰：'西方之人，有圣者焉，不治而不乱，不言而自信，不化而自行，荡荡乎民无能名焉。'"这就是说周朝末年的人已经知道西方有圣人了。至于这个圣人是不是佛陀，反正孔子也说"民无能名焉"，我们当然也不得而知。

有人说是在秦王嬴政的时期。一部叫《历代三宝记》的书中记载：秦王嬴政四年（前243），西域沙门室利房等十八人，带着佛经来华。这一时期，正好是印度阿育王时期，倒很有可能，但秦王嬴政很以他们的形状为怪异，将他们逮捕下狱。不久，他们就被驱逐出境了。

有人说是在汉武帝到汉哀帝时期。武帝时，霍去病讨伐匈奴，西域的昆邪王杀死休屠王，率部众投降汉军，献上金人一尊，汉武帝以为大神，列于甘泉宫，烧香礼拜。到了张骞通西域时，得知西方有"身毒国"（印度），有"浮屠"（佛陀）之教。汉哀帝元寿元年（前2），博士弟子秦景宪从西域大月氏国（今阿富汗境至中亚一带）使者口中记录下"浮屠经"（佛经），但当时的人都看不懂，自然也谈不上信仰了。

最确切的记载是在东汉明帝时。据说汉明帝做了一个梦，梦见一位身长丈六的金色大神绕着宫殿的梁柱飞行。次日，明帝问众大臣，大臣傅毅回答："西方有神，其号曰佛，形如陛下所梦。"于是汉明帝派遣郎中蔡愔、中郎将秦景、博士王遵等十八人西行至大月氏国求法，遇到天竺高僧摄摩腾、竺法兰，并得到佛经和释迦佛像。中国使者们当即邀请两位高僧同来中国，抵达首都洛阳。二僧来到洛阳后，先是住在主管外交事务的鸿胪寺（官署名）。他们共同编译出最早的汉文佛经——《四十二

朱士行取经雕像

章经》。后来,又相继译了一些佛经。汉明帝非常珍视这些著作,下令保存在他的皇家图书馆——兰台石室。佛教的合法地位从此被正式承认,中国开始有了沙门及跪拜之法。这就是我国佛教史上著名的"永平求法"。

汉明帝礼重摄摩腾、竺法兰两位高僧,敕令于洛阳城西雍门外三里御道北,按照印度佛教的传统样式修建了中国的第一座僧院。因为相传两位高僧是用一匹白马将佛经、佛像从大月氏国驮回来的,所以取名"白马寺"。"寺"字本源自"鸿胪寺"之"寺",取名为寺,也是尊重佛教,将它抬高到与官署同样地位的意思,后来竟成佛教僧院的泛称。今天说起寺,能够晓得古代的外交部——鸿胪寺的少之又少,寺庙却是人皆知之。

东汉时,中原还只有少数的几个佛寺,主要是为信奉佛教的来华西域商人所修,汉人是不准出家的。到了三国曹魏第三任帝王曹芳统治时期,中国才有了第一个出家的僧人朱士行。三国时期,由于社会动荡,道德败坏,人世间的一些问题似乎找不到解答,许多人感到心灵漂泊不定。于是佛教给他们提供了安慰、保护和指导。西晋时，汉人削发为僧者日多，二京（洛阳与长安）已有180座佛寺，僧尼人数多达3700人，更激发了大量的天竺、西域胡僧来到中国内地传道播法。

小船上站立着的胡僧就是在这样的背景下来到中国的，他有一个汉文僧名叫慧理。他是从中原云游来杭的，到了灵隐一带，看到这里奇峰出岫、环境清幽，再加上烟雨蒙蒙、若隐若现，觉得这是个"仙灵所隐"的佳处，于是就起了在此卓锡修禅的念头。

当他弃舟登陆，望见一片怪石，奇状若天造时，突然起了似曾相识的感觉，他感叹道："这是天竺灵鹫峰的小岭，什么时候飞到这里来了？"——灵鹫峰是传说中释迦牟尼曾经传道的地方——周围的人听他这么感慨，都不太相信，以为只是胡僧在胡诌。慧理却很认真地说："此峰原有黑、白二猿在洞里修行，必定也相随到此了。"于是，他就跑到洞口去拍手呼唤，令人意想不到的是，

飞来峰雕像

洞里果然跳出了一黑、一白两只猿猴，依偎在他身边。今天的灵隐景区内还有"呼猿洞"景点，据说就是当年慧理验证他这个说法的地方。而灵鹫峰从天竺飞来的神话，就是飞来峰得名的由来。

当然，故事还有另外一个版本，说这黑、白二猿本就是慧理蓄养在洞中的。到了南朝刘宋时，有个名叫智一的僧人来此寻访，也在山上养了些猿猴，只要有一只猿猴在山涧边长啸，大群的猿猴就会蹦蹦跳跳地赶来会聚。后来，人们甚至建了一个平台，专门用来饲喂这群猿猴，称为"饭猿台"。

我们姑且不论哪个版本的故事更贴近实际，但有一点可以肯定的是：胡僧慧理就在这"仙灵所隐"的地方住了下来，开山结庐，辟建山门，建造了大名鼎鼎的东南名刹——灵隐寺。山门旧有匾——绝胜觉场，相传为东晋道士葛洪所书，或说是初唐诗人宋之问书。

灵隐寺虽屡经兴废，但香火不绝，早在唐代的时候，灵隐寺的声誉已经和洛阳的伽蓝寺相媲美。后人为了纪念慧理法师，在龙泓洞口、慧理圆寂之后的埋骨之处建了一座理公塔。今天，你一进入灵隐景区，最先看到的就是这座并不算高大的石塔。明万历十五年（1587）六月，塔为霖雨所圮，中获刻石，铭曰："开宝八年募众重建……"由此可见，最早的建塔应该是在北宋以前。而我们今天看到的现存的塔，则为明万历（1573—1620）后修建。

据文献记载，慧理这位外国僧人在杭州建的寺院还不止灵隐寺一座。据《灵隐寺志》卷一《开山始迹》记载，慧理一共建了五座寺刹，这些寺院有的在后来废毁了，如灵鹫、灵山等寺，有的辗转重建更名了，只有灵隐寺历尽沧桑，近一千七百年来始终屹立，成为杭州最著名、最古老的佛教寺院。

又据康熙时期的《杭州府志》记载，与呼猿洞相对的永福寺和灵隐山麓的下天竺寺也是慧理所建。可以说，正是这位天竺僧人慧理，把佛教的种子播撒到了杭州这片土地上。

这是一片与佛有缘的土地，杭州人的天性中颇富同情心，而一旦人类的同情心旺盛了，大都会去敬畏鬼神、亲近宗教，所以，杭州寺庙里的香火总是很旺盛。应该说是杭州兼容并蓄、宽厚向善的城市精神，使得佛教在这里如沐春风，蓬勃兴旺起来。

循着慧理的足迹，更多的僧人来到杭州这方宝地：

晋时，一位名叫宝达的刹利禅师也晦迹武林山，结庐修禅，弘法传道。从名字上看，他也可能是个印度僧人。

南齐建元年间（479—482），又有一个叫昙超的僧人，在青芝坞开山筑庵，讲经说法。据说他讲得十分精彩，引人入胜，连龙王都乔装了前来聆听。听到会意处，龙王忍不住击掌，地下就有泉水汩汩而出，这就是今天的玉泉。到了南宋理宗的时候，御赐"玉泉寺"名。

南朝齐梁间，有位宝常禅师自汴（今河南开封）云游来浙，到了今天马塍路的西头，插竹为精蓝。唐贞观年间（627—649）改称东林寺。

梁绍泰元年（555），有善杲法师肩负《金刚经》憩息于章家桥东，夜放光明，因筑金刚广福教寺。

与此同时，乐善好施的杭州信众也纷纷舍宅、舍地

第三章 烟雨楼台中的六朝故事

灵隐寺

为寺，如梁天监年间（502—519），钱唐人朱异把位于江涨桥的自家宅院捐了出来，创建了众安寺；梁大同二年（536），又有一个叫鲍侃的信徒在祥符桥舍宅为寺，于宋大中祥符年间（1008—1016）赐额大中祥符律寺……

就这样，杭州的佛寺慢慢多起来，到了五代而臻于极盛，形成了"南朝四百八十寺"的宏大局面。

除了寺院的建造，杭州本土还出了著名的高僧。说起来，这位叫法旻的高僧还是吴大帝孙权在富阳的后裔。他七岁出家，就被人誉为"松柏虽小，已有凌云之气"。到后来，学问之精深更是令各界名流折服，著有《般若经注》百余卷。他在兴福寺讲经，门庭若市，很多人不远千里赶来，兴福寺常常被挤得水泄不通。连梁武帝都来亲自聆听，还向他讨要经卷让人抄写。

寺院的普及、高僧的出现，无不说明了慧理播下的种子，已经在这片向善之地生根结果了。

2

比慧理稍晚一些的时候，又一位宗教人物走进了杭州秀丽的湖山，为杭州增添了一份人文之美。这位宗教人物就是道教的代表，号称"抱朴子"的葛洪。

与佛教从印度传入不同，道教是中国土生土长的宗教，它在杭州的传播比佛教还要早一些。杭州有一座望仙桥，据说在西周的时候，西王母的侍女董双成在临湖妙庭观炼丹，得道之后，自吹玉笙，驾鹤升仙，邑人立桥望之，因名望仙桥。这当然只是传说，也有人考证说妙庭观其实在富阳临湖村。

到了东汉时期,余杭有一个叫蔡经的人学仙术,据说麻姑曾经到他家中拜访,是不是去"献寿"或者究竟"献寿几何",史籍上都语焉不详,同样也只能当作一个传说。

而真正从传说中走出来,走进历史,留下著作和史迹的则是这位晋朝的葛洪。

晋朝是司马氏篡夺曹魏而建立的政权。在篡位过程中,司马氏大肆屠杀曹魏王室,并残酷镇压拥护曹魏的天下士人。因为在儒家思想中,曾作为曹魏臣子的司马氏代魏自立,是大逆不道、不得人心的,司马氏只得以高压的手段打击士人,让他们不得过问政治。在这种形势下,士人谈论现实会招致杀身之祸,只得转向自我修行,推崇老庄玄学,追求长生不老,关注服炼仙丹,于是炼丹术大行其道。

按今天的理解,炼丹应该是化学冶炼的一种,也可以看作是古代化学的开端。它是把各种被认为益寿的物质,包括金属、石材等掺和在一起,以火煮炼。古人以为这类物质经过长时间煮炼,有助于延年益寿,长期服食可长生不老,甚至羽化登仙。

葛洪就是炼丹的著名人物。他是江苏镇江句容人,出生在西晋武帝太康四年(283)。据说,他从7岁就开始炼丹搞"冶炼"实验了。这个年纪"学化学"实在是太早了点,好在他有家学渊源。据史书记载,葛洪的从祖父葛玄曾拜左慈为师,而左慈就是《三国演义》里掷杯戏曹操、千里之外钓来鲈鱼的"神仙"。葛玄后来也学道得仙,被称为"葛仙公"。

不过,葛洪的父亲并不是"仙人",事实上,他曾在三国时期的吴国为官,吴国灭亡后又做了一任西晋的地方长官。葛洪13岁的时候,父亲就去世了,家道从此中落,史书记载:葛家已经穷到请不起仆人,家里的篱笆也无人修理,葛洪常常用手分开院子里长得杂乱的草木出门,回来的时候又推开杂草野树入室。家中还失火了好几次,收藏的书籍都被焚毁了,他就背着书箱外出,不怕路途遥远,去问人家借书来抄书学习。家里没钱,葛洪就卖木柴赚钱,拿赚来的钱买纸抄书,没钱买灯油就点燃木柴,借着火光读书。一张纸他都要重复使用多次,所以其他人都看不懂葛洪写的东西,真以为是"张天师画符"了。就这样,葛洪博采广收,经史子集无不涉猎,《晋书》上说他"博闻深洽,江左绝伦"。

葛洪也短暂地做过几任小官,但他的志向不在仕途而在长生。后来结识了著名的方士郑隐以及被称为"神仙太守"的鲍靓,更是开始到处寻访名山。根据《杭州府志》的记载,葛洪曾"避乱余杭山"。此余杭山应该就是西湖北山之葛岭。

也许是追寻太久了,所有的浪游都是一个圈,都要回到一个纯真的起点。这一天,应该是一个春天,林木初绿,有猛兽出现,在深夜,暗水淙淙,有磷火浮游。初来杭州的葛洪东出西入而失路,期望是一丝不易看见的线,扭得好细,拉得好长,忽隐忽现……

我臆想的这一幕场景可不是信马由缰,事实上,葛洪所处年代的西湖确实曾有老虎出没——杭州有两个著名的别称,一个是钱塘,另一个就是武林。而武林,其实就是"虎林"的讹传,据《咸淳临安志》记载,古时候这里就曾有野生的老虎出没。这个说法还有一个佐证就是虎跑寺的传说:唐代元和年间(806—820),性空禅师结庵于杭州西南大慈山,因水源短缺,准备迁走。

有一天,他在梦中得到神的指示:南岳衡山有童子泉,当遣二虎移来。日间果见二虎跑翠岩做穴,石壁涌出泉水,今天的"虎跑梦泉"就是由此得名的。学仙的人应该可以跟虎鹿为友,所以,在我的印象中就有了这么玄幻的场景。

不管怎么说,葛洪在这里住下了。西湖边宝石山上的抱朴庐就是他当时栖身的地方,而"葛岭"的名字当然也是由他而来。

葛岭南临波光潋滟的西湖,春朝秋夕,一缕缕水面飘荡的轻雾,给周围的景致笼上一层扑朔迷离的气氛;东端的宝石山,赭红色的山体如满天流霞,与湖光相映照,更显得奇秀出尘;西边是初阳台,是杭州观赏日出的最佳所在,破晓时分,瑰丽磅礴的一轮红日从天际喷吐而出;湖面有仙鹤翔集,山中有虎鹿相伴……这真是一个充满灵秀的仙乡之地,无怪乎一心修仙的葛洪看中了它。

今天,你从西湖岸边来到葛岭脚下,首先会看到一座砖石结构的黄色牌楼。经过牌楼,拾级而上,不一会

葛岭抱朴道院

就到了抱朴道院山门。门外院墙随山势起伏，宛若一条游动的黄龙，因此有"龙墙"之称，为抱朴道院的胜景之一。

明代田汝成的《西湖游览志》记载了西湖北线的葛洪遗迹，有初阳台、葛翁井、葛仙翁墓等。初阳台在葛岭顶端，其下有炼丹台，为葛洪安炉炼丹之处。葛洪每日在初阳台修真，"吸日月精华"；葛翁井则是葛洪投丹之所，水质清冽，久旱不涸。据说此井水流石上，其色如丹，游人视久则水溢，人去则减，其深与江海通。关于此井还有一个神奇的传说：

明宣德年间（1426—1435），清理此井时，在井底发现一只石匣和四个石瓶。石匣极其牢固，怎么也打不开，石瓶中却找到些形状像芡实的药丸。有人尝了尝药丸，觉得没有什么气味，就丢掉了。有一位姓施的渔翁，则独自吃了一颗，后来竟活到106岁。但把石匣拿掉后，井水就变得又脏又臭，不能饮用；把石匣放回去，井水又变得清冽如故了。人们相信，石匣、石瓶以及里面的仙丹应该都是葛洪留下的遗物。

而在灵隐九里松以南也有一口葛翁井，井里的螺蛳与其他地方的螺蛳不同，都是没有尾巴的。关于这种无尾螺蛳，也有个关于葛洪的神话传说。

除了炼丹著书，葛洪还在这里为杭州的老百姓采药治病。葛洪和妻子鲍姑，遍寻深山，寻找草药，用青砖砌成15平方米的水池，据说就是他们平时洗草药之处，而他们用草药治疗狂犬病，则被后世认为是免疫治疗的萌芽。在今天留存的葛洪著述中，除了《抱朴子》以外，还有一部《肘后方》，这本书最早记载了一些传染病，比如天花、恙虫等病的症状和诊治方法。他的夫人鲍姑就是前文提到的"神仙太守"鲍靓的女儿，精通灸法，是中国医学史上第一位女灸学家，在葛洪的著作中也有记录妻子行医的故事。这对神仙夫妇在当时就被周围的老百姓视为世外高人，顶礼膜拜。

至于葛岭的葛仙翁墓，则颇为可疑了。墓在抱朴道院内，石砌，呈圆形。但是，据《晋书》记载，葛洪后来听说交趾（今越南）出丹砂，就向朝廷请求让他去交趾。但他最终并没有到交趾，东晋咸和六年（331），葛洪时年48岁，携妻子鲍姑和子侄中途来到广州后，就在罗浮山定居。罗浮山又称东樵山，和广东南海县的西樵山齐名，享有"南粤名山数二樵"的盛誉。苏东坡曾在这里写下"罗浮山下四时春，卢橘杨梅次第新。日啖荔枝三百颗，不辞长作岭南人"的名诗，确实是一座修仙名山。

葛洪从此就未离开过罗浮山。他在罗浮山32年，著述不辍，《晋书》记载："在山积年，优游闲养，著书不辍。"他就在罗浮山逝世的，他的墓怎么可能在杭州呢？

据说，葛洪死之前曾给广州刺史邓岳写了张条子，说自己要远行寻师，克期出发。据《罗浮山志》记载，葛洪羽化时面色如生，身体柔软，举尸入棺，身轻如衣，世人遂认为他羽化登仙了。那么，是他临死还记挂着西湖边以他命名的这一方葛岭，然后又远行回来了？你尽管想象，想象是你的自由。

杭州的道士们把他的坟墓"迁回"到葛岭来，也是一种想象。而把葛洪奉为他们的祖师，更是为了抬高自己的身价。传说这么代代相传，代代给它添枝加叶；年代传得愈久，添加的成分也愈多，于是那最后的版本比起原始的版本来，有时就大大走样了。

3

说完两个佛道中的神仙般人物,你一定认为他们都是高不可攀、渺不可期吧,其实,俗世众生中也是有这般神仙人物的,所以佛家说"众生皆有佛性,人人皆得成佛",而道家当然更加宣扬修炼成仙了。

我们说到俗世的"神仙般人物",大抵就会想到李白,我们的杭州乡贤贺知章就称他是"谪仙人"。其实,在李太白之前,也有这么一位神仙人物,而且他还是李白所景仰的偶像呢!他就是李白在诗中屡次提到的东晋诗人、山水诗的鼻祖——谢灵运。

谢灵运当然不是杭州人,他祖籍河南,是晋朝赫赫有名的王、谢家族的后人。但是,"昔日王谢堂前燕,飞入寻常百姓家"——这只谢家的"燕子"就飞进了一户钱唐人家。

灵隐的山谷间,原先有一个亭子,名叫梦谢亭。它的详细地址已不可考,但它的建造却有一个故事。而这

谢灵运像

个梦谢亭，梦的就是南朝刘宋的著名山水诗人谢灵运。

话说东晋的时候，钱唐县灵隐山下住着一个叫杜明甫的读书人，平时以开馆授徒为业，是个私塾教师。

这一天，杜先生做了一个梦，梦见东南方向有人送来了一个学生。杜先生有那么多学生，唯独这个学生要先由梦里来报到，当然就显出其不凡了。杜先生有些憧憬。

半个月之后，东南方向的上虞果然有人送来一个男婴。虽说这个"学生"的年纪小了一点，还是个襁褓中的婴儿，但他的来头却不小啊！潇潇贵胄，陈郡谢氏，这是与琅邪王氏齐名的世家大族呀！

谢氏的祖籍在河南陈郡（今河南太康），东晋南渡之后，定居会稽始宁（今绍兴上虞）。这个家族的杰出代表就是东晋第一流的政治家谢安，在前秦苻坚大军压境之时，宰相谢安独撑危局，率领谢氏子弟力挽狂澜，赢得了淝水之战的辉煌胜利，从而奠定了南北对峙的格局。而这个送到杜明甫手中的婴儿，就是淝水之战的前线主将谢安的侄子谢玄的孙子谢灵运。

这样的富贵人家怎么舍得把一个婴儿送到民间来呢？实际的情况是，谢灵运出生才十几天，谢安就在京城建康（今江苏南京）去世了，谢家对这个孩子的爱就此蒙上了一层阴影。为此，家里特地为他卜卦算命，预测一生。卜卦者认为他不宜养在家里，否则有夭折之忧。而谢玄对这个孙子其实是当作命宝的，因为谢玄虽然是继谢安之后的谢家才俊，但谢玄的儿子也就是谢灵运的父亲谢瑍却是个智力低下的白痴，史书上说他"生而不慧，为秘书郎，蚤亡"。谢玄得了孙子总算感到一丝欣慰："我乃生瑍，瑍那得生灵运！"——我不生谢瑍，谢瑍哪得生谢灵运呢！所以，他对这个孙子是寄予厚望的。

既然卜卦者如是说，谢玄担心这孩子养不大，也就只得忍痛割爱，按着卜卦者的指点把他送到钱唐，寄养在杜明甫的馆中了。由于谢灵运从小寄养在外，家里人就给他取了个小名叫"客儿"，意为寄寓别人家中长大的儿郎。

就这样，谢家客儿在杭州一直长到15岁。他寄居的杜家，就在今天的飞来峰下。后来，等到谢灵运名满天下以后，杜明甫就在灵隐山间造了一个亭子，名为梦谢亭，又称客儿亭，以纪念那件梦与现实的巧合事件。这个亭子至宋朝时应该还留存着，宋朝官员卢元辅在写灵隐的诗中还曾提到此事，说："长松晋家树，绝顶客儿亭。"从诗中看，此亭当建在飞来峰顶，且亭前有高大苍劲的松树作为荫蔽。

谢灵运是非常有才气的。他不仅门第高贵，更兼才华横溢，所以自视甚高。他曾说，天下才共有一石，曹植独得八斗，我得一斗，余下一斗由自古以来及现在的人共分。你看，多大的口气！虽然抬出一个已经作古的曹子建来，其实还是在为自己张本。

当然他的才气也是为后世所认可的，他是我国文学史上第一个大量创作山水诗的诗人。他的山水诗以清新自然的风韵，打破了东晋玄言诗统治文坛的寂寥局面，开创了一代诗风，受到后世诗人如李白、白居易等人的推崇。白居易在杭州任刺史时，就写过一首题为《余杭形胜》的诗，也提到过梦谢亭的传说：

余杭形胜四方无，州傍青山县枕湖。
绕郭荷花三十里，拂城松树一千株。

> 梦儿亭古传名谢，教妓楼新道姓苏。
> 独有使君年太老，风光不称白髭须。

诗中提及的"梦儿亭古传名谢"一句，说明梦谢亭在唐代已经是杭州有名的名胜古迹了。

谢灵运虽然在杭州只待了 15 年，但这位天才少年的作为却绝不是今天的 15 岁少年所能想象的。

灵隐下天竺莲花峰附近有一块大岩石，称为翻经台。这块翻经台也是因谢灵运而得名的。谢灵运对佛经有很深的研究，造诣精深。他对此非常自负。史书载，会稽太守孟𫖮非常崇仰佛教，功课做得很精，当时名重一方，但谢灵运却很轻视他，说："你升天在我之前，成佛必在我后。"传说谢灵运在杜明甫处自小研习经书，常常在这块岩石上翻经诵读，因而得名。

当然，前人也有考证认为此事实际上是假托。据文献记载，谢灵运曾在庐山上精研佛经，将北方通行的《涅槃经》翻译整理为南本三十二卷本，因此在庐山上有翻经台。而灵隐寺的翻经台想来是个翻版，只不过表明谢家客儿曾在这里成长。15 岁的少年要说翻阅佛经还可信，翻译佛经毕竟有些夸大其词了。

谢灵运对杭州的贡献还有值得大书特书的一件事：

今天的游客来到杭州，总是念叨丝绸、茶叶两件物事。丝绸我们另当后说，这里单表茶叶。杭州西湖群山皆产茶，西湖种茶始于何代何人，说法就不一了，《西湖志》等书对此亦缺乏详确的记述。但在北宋苏东坡知杭州时，他曾对西湖种茶的历史有过考证。据他考证：西湖边最早的茶树在灵隐下天竺香林洞一带，就是谢灵运下天竺翻佛经时，从天台山带来的。

作为东晋数一数二的世家大族子弟，谢灵运在晋朝的日子过得优哉游哉，而他呢，也乐得寄情山水，埋首学问。晋安帝元兴二年（403），他继承了祖父的爵位，被封为康乐县公，后世遂称他为谢康乐。

但这样的好日子却不长久。永初元年（420），东晋大将刘裕代晋自立，开启了南朝的刘宋皇朝。作为前朝旧臣，谢灵运被降封康乐县侯，从公爵掉到了侯爵。

谢灵运恃才傲物，自以为在政坛上应受到格外的器重，殊不料反遭排挤，又被贬为永嘉太守。

谢太守在郡时心情烦闷，牢骚满腹，不理政务，一味纵情山水。平日写写诗文，散布散布对朝政的不满，以宣泄胸中块垒。此刻，他的那些山水诗从某种意义上说都成了"苦闷的象征"。

谢灵运酷爱登山，而且喜欢攀登幽静险峻的山峰，高达数十丈的岩峰他也敢上，可以说是古代攀岩运动的先行者。他登山时常穿一双自己发明的木制钉鞋，上山取掉前掌的齿钉，下山取掉后掌的齿钉，于是，上山下山分外省力稳当，这就是著名的"谢公屐"。李白在《梦游天姥吟留别》中曾有这样的诗句："谢公宿处今尚在，渌水荡漾清猿啼。脚著谢公屐，身登青云梯。"说的就是这个。

元嘉八年（431），宋文帝落实知识分子政策，决定让谢灵运出任临川内史。但他闲散惯了，还是不理政事，终日出游，被地方官员纠弹，要治他的罪。谢灵运不服，反把朝廷的纪检官员给扣押起来。他还赋诗一首："韩亡子房奋，秦帝鲁连耻。本自江海人，忠义感君子。"将刘宋王朝比作暴秦政权，并以张良、鲁仲连自比，暗示要像他们那样为被灭亡的故国复仇雪耻。这种行为和言论，当然加重了他的罪名，若不是看在他出身陈郡谢氏的份上，早就死罪难逃了。宋文帝法外开恩，判他免死，流放广州。可谢灵运还不安分，想要组织人来劫持、解救自己。这下可就成了谋逆、搞武装暴动了。于是，刚到广州，朝廷的公文又到了，命令将他就地正法。

元嘉十年（433）十月，谢灵运在广州被处弃市（当街斩首），死时年仅49岁。

谢灵运的命运成了那个时代高门士族命运的缩影。六朝风流，终于落花流水春去也！

我总在揣摩杜明甫听到这个消息后的反应，他应该是沉痛而惋惜的。有些书上的记载把他称为"杜明禅师"，他是因为谢灵运被杀而心灰意冷遁入空门的吗？或者仅仅只是不同书籍对人名记载有出入？我更愿意相信前者。那么，那个梦谢亭说不定也就是在那个时候盖建的。在梦里，他应该还能见到自己心爱的客儿。而谢灵运生前就预言自己能成佛，成佛成仙，他也应该留恋着这一片给予他美好童年的土地。

4

前面说到过白居易的一句诗，"梦儿亭古传名谢，教妓楼新道姓苏"。这句诗里除了说到谢灵运，还有一个就是青楼里的钱唐苏小小。

白居易写苏小小还不止这一首诗。"苏州杨柳任君夸，更有钱塘胜馆娃。若解多情寻小小，绿杨深处是苏家。"

在这首《杨柳枝词》里，白居易又提到了苏小小。

那么，苏小小何许人也？

苏小小的事迹最早见于南朝徐陵编纂的诗集《玉台新咏》，该书录载了一首《钱唐苏小歌》：

> 妾乘油壁车，郎骑青骢马。
> 何处结同心，西陵松柏下。

这是一首南朝民歌，是歌咏苏小小的，但并非苏小小所作。《玉台新咏笺注》在这首诗的注释里引载了《乐府广题》的一小段题解："苏小小，钱唐名倡也，盖南齐时人也。"这算是有关苏小小生平的最早也是最权威的载述。

接下来的故事只能算是对苏小小身世的推测和传说了：

既然名小小，想必是一位身材娇小、玲珑秀美的江南女子；而白居易诗中的"教妓楼新道姓苏"，又交代了一层意思：她是名属教坊的歌伎。

这里有必要补充说明一下古代的乐籍、教籍制度：乐籍制度始于南北朝，一开始是作为一种惩罚性的专业制度而存在的，指将罪犯、战俘等罪民及其妻女后代籍入从乐的专业户口，构成乐户，由官方乐部统一管制其名籍"乐籍"（唐代专设教坊管理，所以又称教籍），迫使之世习音乐、舞蹈娱人，以此作为惩罚。苏小小是一位"钱唐名倡"，但当时隶属乐籍的倡伎群体主要是以艺为本、声色娱人，歌舞技艺是她们的首要技能，其次才是以色娱人，这与今天所谓的"娼妓"有着相当大的区别。

据说，苏小小的父亲曾为东晋官员，那么，想必是在改朝换代中作为罪臣让女儿受到了牵连。苏小小15岁时，父母双双谢世，贾姨带着她移居到城西的西泠桥畔。

于是，在一本叫《西湖拾遗》的书里就演绎着这样一个故事：

故事里的这位名伎，多才多艺，明艳照人。或许是为了排遣寂寞，或许是为了寄情山水，她尤其喜欢坐着一辆油壁香车，在西湖边到处游览。在她的车后总有许多风流倜傥的少年跟随。而苏小小也乐得和文人雅士们来往，常在她的小楼里以诗会友。她的形象与风光旖旎的西湖、清幽灵秀的西泠桥融为一体，像歌一样凄婉动人，梦一样神萦魂系。

有一天，乘坐着油壁车的苏小小正沿着湖堤而行，

西泠桥（老明信片）

不期遇到一位叫阮郁的少年郎君，正骑着青骢马迎面而来。

正所谓"青年男子谁个不善钟情？妙龄女郎谁个不善怀春"，一见钟情的故事就这样在西湖边这片温柔的土地上萌芽发生。

自此，两人双宿双飞，"每日不是在画舫中飞觞，流览那湖心与柳岸的风光，就是白乘着油壁香车，阮郎骑着青骢骏马，同去观望南北两高峰之胜概"。

不料好事多磨，仅仅过了三个月的甜蜜生活，阮郁在京做官的父亲派人来催归。阮郁不敢违抗父命，忍痛挥泪与小小分别。匆匆一去，就杳如黄鹤。

按照一般的想法，此后的苏小小应该是情意难忘，时时思念，为伊消得人憔悴了。然而，小小却是一个豁达的人，她并没有秋扇见捐、遭人遗弃的自怨自艾，也没有一朝许身终身守节的陈腐想法。聚散离合，在她看来实在是人生体验中最平常不过的事情。

苏小小似乎天生有一种异禀，能够将人生过到随心所欲的极致，达到一种美极艳极的化境。这年秋天，她乘着油壁车与几个纨绔公子一起到满觉陇赏桂。在烟霞岭的一座破庙前，看到一位穷书生正在满山红叶前专心读书。她觉得这个壮年男人身上有一种特别的气质。交谈之下，得知这位书生叫鲍仁，正欲上京赶考，但苦于缺乏盘缠。苏小小十分同情书生的遭遇，慷慨解囊，资助鲍仁上京赴试。

故事说到这里必须要澄清一下：苏小小所处的南齐时代还没有科举，上京赴试之说显然就不能成立。但既然是故事，那就让故事继续吧——

苏小小与鲍仁的关系，显然不是一种爱情的关系，这里面甚至不带一点的功利性。小小帮助鲍仁不是想托付终身，也根本不存施恩图报之念，她只是纯粹的"怜才"。

话说春去秋来又过了一年。夏秋之交，天色转凉，苏小小赏荷归来，夜间贪凉，坐在露台上久了，染上风寒，竟至于病入沉疴。贾姨再三劝慰，但小小却超凡脱俗地看破了红尘。她以为，像她这样的风尘女子，活到人老珠黄招人嫌，还不如值此青春年华香消玉殒，尚可受人怜惜。死亡，正是让她的美得以永恒的最佳方式。她只有一个小小的要求："我生于西泠，死于西泠，埋骨于西泠，庶不负我苏小小山水之癖。"

苏小小在25岁那年奄然长逝，所有人都很悲痛惋惜。当初得到她资助的书生鲍仁已经应试登第，出任滑州刺史。这位鲍刺史不忘旧恩，专程赶来钱唐向苏小小道谢。获悉小小的死讯，鲍仁更是扶棺痛哭不已。后来，鲍仁就遵照苏小小的遗愿，出资在西泠桥畔造墓安葬了苏小小，墓前立一石碑，上题"钱唐苏小小之墓"。后人又在墓上建亭，亭名"慕才亭"——是小小慧眼识才，还是今人慕小小之才，恨不得见？怎么理解都可以，一语双关吧。

相传苏小小死后，前来西泠桥凭吊者不绝于途，历代歌咏其事的诗词乃至话本、戏曲也不知有多少。除了上述的白居易之诗外，有"鬼才"之称的唐代诗人李贺也曾作《苏小小墓》：

幽兰露，如啼眼。无物结同心，烟花不堪剪。

慕才亭里苏小小墓

草如茵,松如盖。风为裳,水为佩。油壁车,夕相待。冷翠烛,劳光彩。西陵下,风吹雨。

诗人通过对苏小小墓地景色生发的一系列奇特幻想,塑造了一个美丽而森寒的女鬼形象。全诗以景起兴,通过景物幻出人物形象,把写景、拟人融合为一体,写得绮丽浓艳,又"鬼气森森",极具特色。

元代著名文人杨维桢的《西湖竹枝歌》也以苏小小为题材:

苏小门前花满株,苏公堤上女当垆。
南官北使须到此,江南西湖天下无。

这首竹枝词写西湖之美,却一开头就写苏小小故地西泠之美。确实,西湖因为有了这么一个才貌俱佳的女子而更添几分人文魅力，而苏小小也因了西湖的绮丽山水而成就其不朽的令名。

清代杭州籍的大诗人、大学者袁枚更是对苏小小推崇备至，他甚至刻了一颗"钱塘苏小是乡亲"的闲章，聊表敬慕。更有后人在慕才亭上题写楹联，以示凭吊之意，其中最著名的一联是："湖山此地曾埋玉；花月其人可铸金。"据说，当代著名文学家茅盾先生就对这副楹联深表赞赏。

由于有了这么多文人雅士的传颂，苏小小的故事就跟梁祝和白娘子的故事一样，成了家喻户晓的西湖传奇。有人说，如果把梁祝比作是中国版的罗密欧与朱丽叶，那么苏小小就好比是中国版的茶花女了。

杭州人同情苏小小的红颜薄命、仰慕她的多才多艺、敬佩她的爱才怜才，敢于让这么一位倡门小女子的坟茔伴随着西湖而流芳百世。在别的城市，我真不曾见过这样的平等与宽大。唯有如此之宽大，才会对倡门女子给予了最怜爱的同情。在人类的历史上，也只有苏格拉底、佛陀和耶稣有过这类的心肠，但也仅仅表示了圣人的宽恕，杭州人则不仅仅宽恕，且从下到上由衷地予以了理解和仰慕，这是一份怎样博大的襟怀！

今天，你从展开白娘子故事的断桥一路向西，直到尽头的西泠桥畔就会发现一座小巧而别致的亭子，这座亭子就是慕才亭。亭内有一个半球形的坟垄，那里长眠着一位多才多艺却又美丽多情的女子——苏小小。

当然了，你今天看到的这个苏小小墓，绝不会是当初南朝时鲍仁所筑的墓。有一本《西湖新游记》的书说，康熙南巡到杭州的时候问起苏小小的墓，浙江巡抚乃连夜抔土西泠桥下，一夕成冢，以备御览——看来，原墓至少早在康熙朝就已湮灭，好在不会湮灭的是那一缕香魂的故事。

5

苏小小生活的年代自然也并非一味的风花雪月，波澜壮阔的事件偶尔也在这里上演，塑造了城市的刚柔相济。

南朝齐武帝永明三年（485），在今天的杭州富阳地区，就爆发了一场以富人为主体的起义。

富人起义，这在中国历史上是极为罕见的。在我们的常规认识中，"全世界无产者联合起来"，历代的农民起义也总是因为受苦受穷受压迫活不下去了，才"舍得一身剐，敢把皇帝拉下马"的。而对于那些不愁吃不愁穿的富人阶层，造哪门子反呀？

革命不是请客吃饭，起义毕竟是高危行业。富人被逼得起义，究竟是为了什么？来看报道——

这次富人起义的带头大哥叫唐寓之，事件的导火索是反检籍，也就是反对政府清查户口。

清查户口，不就是今天的人口普查吗？至于要官逼民反吗？哎，你还别说，还真查不得，因为这户口的毛病实在太多了，经不起查。

魏晋南北朝是一个讲究出身成分和阶层等级的社会，所谓"地分南北，人分士庶""上品无寒门，下品无士族"，门阀士族与寒门庶族的地位有天壤之别。为了区分士庶、维护高门士族的血统纯正，政府甚至还专门成立谱牒局，记录氏族世系和支脉流传。谱牒类似于今天的户口簿。士族的户口谱牒用黄色缎面，称"黄籍"；庶族的用白色封面，称"白籍"。

同时，魏晋南北朝又是一个战乱不息的动荡时代，为了恢复生产，更是为了应对战争，统治阶级只好拼命加重人民的税赋徭役。但是上有政策，下有对策，自古已然。为了逃避繁重的税赋徭役，穷人、富人都在想办法。穷人有穷人的办法，那就是被迫自残或者是投靠士族为奴，称为"属名"，附属于豪门士族户下，为户主服役，反而比服官役还要轻松一些。富人呢，当然也有富人的办法。由于豪门士族享有免除徭役等特权，身为富人的庶族地主也不愿意只讲奉献，眼看着人家吃香喝辣享受那么多的特权利益，于是也想尽办法要往士族队伍里钻。然而，出身是天注定的，再钻也没法往贵人娘亲的肚子里钻呀。于是，钻营的唯一办法就是造假——篡改黄籍，也就是篡改户口簿了。

富人的办法总少不了以钱开路。南朝的庶族地主为了免除所承担的赋役，往往向官吏行贿，买通管理黄籍的官吏，在政府的黄籍上注入伪造的父辈祖辈爵位，从而摇身一变伪装成"百役不及"的士族。刘宋以来，这种通过改注黄籍诈入士流的庶族地主很多，自宋明帝泰始三年（467）至宋后废帝元徽四年（476），仅扬州九郡的黄籍，被检查出诈注户籍的就有七万一千余户。史料记载，当时只需花一万钱就可以篡改黄籍，一劳永逸实现"农转非"了。

穷人、富人都这么想方设法往士族队伍里钻，在士族这棵大树下来乘凉，那么政府的赋税徭役找哪个去？到了萧齐时代，政府为了增加直接控制的户口，提高赋税收入,扩大徭役的负担面,决定在全国范围进行人口普查。齐高帝萧道成即位的第二年(建元二年,公元480年)就专门设立校籍官,置令史,指派大臣虞玩之主持黄籍的清查。齐武帝萧赜即位后,继续清查,以鉴定士族的真伪。那些被认为有"巧伪"的户籍,都必须退还本地,称为"却籍";核查出本应服役纳赋而在户籍上造假的,要拨乱反正,恢复原来的户籍,继续承担赋税,称为"正籍"。

如果查出来光是"却籍",那顶多也只是偷鸡不成蚀把米,那些贿赂的铜钱银子打了水漂;问题是萧齐政府看到问题的严重性,决定严肃查处,从严从重打击经济领域犯罪分子了。被查出篡改黄籍的,不仅要打回原籍,后来甚至要把被却籍者罚充远戍,阖家充军发配。这种做法就严重危及了曾在户籍上弄虚作假的庶族地主的切身利益,于是就爆发了唐寓之起义。

唐寓之是富阳人,世代图墓为业,也就是替人看风水、择墓地的,一直侨居桐庐。这种风水先生,钱财是有一些的,门第当然也是不会高的;而他们的另一个特点是头脑灵活,因此,弄虚作假、篡改黄籍这样的活计应该也是不会落下的。

唐寓之看看人口普查越搞越严,混不下去了,就动起了起义的念头。风水先生的专业特长就是故弄玄虚,唐寓之也充分发挥他的特长,声称他家的祖墓有王气,而且还说自己在山中得到了一颗金印,似乎上天垂青,想不发达都难。这种故事在那个时代是最容易传播的,于是民众口口相传,纷纷以一种异样的眼光仰视着这位唐先生。一段时间后,他手下便聚集起了四百多位骨干。他们开始在新城(今富阳新登东)一带结成地下组织,开展地下活动。

第三章 烟雨楼台中的六朝故事

富春江

永明四年（486）正月，唐寓之利用会稽太守王敬则去京城建康"朝正"，也就是利用正月里地方官员朝拜皇帝的机会，举兵暴动，首先攻下富阳。三吴地区（即今江苏南部、浙江东部）的被却籍者纷纷参加，很快"众至三万"。

却籍的民户，大都是北来的侨民，他们曾经冒充黄籍，但其实他们的户籍本应该是白色的本本，因此暴乱者也被称为"白贼"。

唐寓之很快攻下桐庐，进占钱唐、盐官、诸暨、余杭等地，还在钱唐过了一把皇帝瘾：选嫔妃，置太子，改国号为吴，建元兴平，以钱唐新城为皇宫，县廨为太子宫，设置百官，任寒门出身的钱唐富人柯隆为尚书仆射、中书舍人兼领太官令、尚方令，总之，搞得像模像样。然后，他又派将领高道度等进攻东阳郡（今浙江金华），杀东阳太守萧崇之和长山令刘国重；遣将领孙泓进攻山阴（今浙江绍兴）。

齐武帝这下才慌了，急派禁兵数千、战马数百前来讨伐。不要小看了这数百匹战马！唐寓之的富人起义队伍毕竟系乌合之众，又缺乏抗御骑兵的作战经验，事实上南方人连马都不太见到过，哪里抵挡得住，终于全线溃败，唐寓之也战败身死，各郡县相继被平定。

事后，参与暴乱的不少民丁被罚修白下城（时为南琅邪郡治所，故址在今南京金川门外），或发配到淮河一带作戍卒十年。此次暴乱虽很快被平定，但庶族地主反检籍的斗争却并没有停止。永明八年（490），萧齐政权被迫停止检籍，并宣布"却籍"无效，对因"却籍"而被发配戍边的人民准许其返归故乡，恢复宋末昇明（477—479）以前户籍所注的原状。于是，假到真时都成了真，许多庶族地主和商人因而取得了士族所具有的免赋役的特权。

从杭州富人起义这件事中，可以推断当时杭州这一带已经有不少的富人，否则绝对成不了气候。但问题是，在魏晋南北朝这样的门阀制度下，富和贵毕竟是两个不同的概念，你再富裕，再有钱，还是没地位，还得受压榨。于是，不甘心逆来顺受的富人只得被逼上梁山了。富人起义的优势是有雄厚的资金实力，铜钱银子扔出去，不怕没人来捡，便于组织和发起；劣势嘛，恐怕就是缺乏拼命三郎的精神，革命不够彻底，上阵不够勇敢。像唐寓之的军队，碰到政府军的几百名骑兵一冲，就玩完了。所以，历史上对这次富人起义不太重视，讲杭州的历史也很少讲到唐寓之。但作为史上唯一的一次富人起义，其实是应该作为一个样本来解剖的。

苏小小、唐寓之们去世后的若干年，宋、齐、梁、陈……扳着指头，南朝已经从齐转换为梁。南朝梁太清二年（548），又发生了侯景之乱。这位从北朝投降过来的将军难抑野心，想抢夺梁武帝的天下。当时，我们脚下的这片土地就在这位叛将的掌控之下。而彼时的钱唐为渡江必经之地，或为兵家据守，或为军旅往来，所以，叛将侯景就于太清三年（549）升钱唐县为临江郡——杭州的行政规格从"县"提升为了"郡"。后来到了南朝陈时，又易名为钱唐郡。如果光从行政级别的眼光来看，钱唐倒是得到了升格，然而，四年之久的兵燹却使江东战区的社会经济蒙受了巨大的损失。

百废待兴。历尽沧桑的杭州，等待着一个新时代的到来，而接下来的时代才是真正杭州的时代。

评曰：

六朝往事随流水。但流水有情，造就了一方温柔水土。杭州人温柔敦厚的性情就根植于这一方水土之上，根植于南方的温暖吉祥中。

大事记：

* 隋文帝开皇九年（589），废钱唐郡，置杭州。
* 隋文帝开皇十一年（591），杨素筑杭州城。
* 隋炀帝大业六年（610），开凿江南运河，贯通大运河。
* 唐德宗兴元元年（784），刺史李泌开凿六井，引湖水入城，解民饮卤之苦，杭州人口开始大增。
* 唐穆宗长庆二年（822），白居易为杭州刺史，始筑钱塘堤，溉田千顷，复浚六井，民赖其汲。

第四章
上天眷顾的
城市诞生了

1

公元581年，年仅9岁的周静帝被赶下了台，北周的大丞相杨坚登基，自己当了皇帝，改国号"隋"。史书记载，这位被后世称为隋文帝的杨坚在建立隋朝时，坚持要把原来的"隨"字中的"辶"（形似"之"字）去掉——跟所有的王朝缔造者一样，他希望他的江山永固，传诸万世，而那个字形流动的"之"，却多少让人感觉到有那么些"流水落花春去也"的意味。

可是，杨坚再是煞费苦心，仍是避不开这个"之"字的宿命：他所创立的王朝很快像流水一般消失在历史的长河中，仅仅37年的政权，这是一个相当短命的王朝。而作为一种补偿，或者说是冥冥中的暗合，在一条被称为"之江"（钱塘江的古称）的江边，一座城市却永久性地记取了他和他的继承人的名字。

20世纪杰出的画家埃舍尔有一幅名画，叫作《阳台》。它画的是一幢普普通通的多层民宅，但奇怪的是，在众多同样大小的阳台中，有一个阳台被放大了，并占据了我们视觉的中心。对于杭州作为一座城市的历史来说，

第四章 上天眷顾的城市诞生了

杭州风貌 HANG ZHOU

钱塘江是杭州的母亲河

也许隋朝就是这个被放大的阳台。

这个短暂的王朝对于杭州这样一座江南名城的形成实在是意义非凡。从一个山中小县到第一堵城墙的拔地而起,杭州在隋朝短暂的 37 年里开始走上了它的光荣之路。

这一天,隋文帝杨坚应该是心情很好,偏安一隅的陈朝被他的儿子杨广率领的军队彻底击溃,从而使得这位君主成为继秦始皇、晋武帝之后的第三位江山一统者。在他的龙案上,放着大臣郑译、杨素等人要求废郡置州的奏章,他御笔一挥——决定杭州命运的隋文帝的御书墨宝自然是无处寻觅了,然而史料却为我们记载得十分详尽:

隋文帝开皇九年(589)平陈之后,结束了南北朝长期分裂的局面,中国复归统一,于是罢郡置州,废钱唐郡,改为杭州,下辖钱唐、富阳、余杭、盐官、於潜、武康六县。这是"杭州"这个地名首次见于史书的记载。

不过,一开始杭州的州治却是设在余杭,就是说第一任的杭州市市长是在余杭上的班,也就是今天城西的老余杭。那时候也没有一座城池,一切从简,类似于在乡镇办公。开皇十一年(591),隋朝的开国重臣、越国公杨素被派到南方,平定了江南叛乱后,才奉命要在之江畔建造一座新城。

当时的杭州虽然已经被提升为州,但在中国的版图上充其量仍不过是一个芥粒一般的山中小县,连个像样的城池都没有。

杨素瞅着面前的舆图,依凤凰山一带画了一个圈。

〔清〕汪启渭《武林十二景·凤岭》

　　于是，数十万军民被征发来筑一座城墙，手拉肩扛，抬砖推石，烈日荼毒，汗流浃背，这样的场景在未来的日子里还要多次重复，而这一次的意义在于，它圈定了杭州作为一个城市的概念。

　　史书记载：杨素主持发动杭州的居民于柳浦西（今凤凰山东麓）依凤凰山建造州城，周围三十六里九十步。这是杭州历史上建城的最早记载。

　　城池是依山而筑的，这座山有一个美丽的名字，叫"凤凰山"，而这座城有一个更响亮的名字，叫"杭州"！

　　杭州城就这么依山而筑，拔地而起了。"方筑城时，吴山东南皆江，西北尚凿石为栈也。"后人考证，隋代杭州的城垣界址：西南部起自凤凰山的柳浦，依山而行，向北沿今湖滨路稍东，北界不越过钱塘门昭庆寺后（今西湖区青少年宫），东部接近盐桥，但盐桥河并不包括在城中。这就是杭州最老的城区了。当然，州治又从余杭迁回到钱唐，"杭州市长"终于回到了城里来上班。

确实，隋代的杭州只是一个不大的城市，据隋炀帝大业五年（609）的统计，全城的居民仅仅只有15380户79515口。但是，它毕竟完成了从一个山中小县向一座南方城市嬗变的过程。隋置杭州的意义，不仅让"杭州"从此成为专有的地名，还因为这是统一的中央政权设置的政区，从而确立和巩固了杭州作为州、郡一级行政区划的地位，为一个城市的繁荣奠定了行政基础。

从某种意义上说，杭州是要感恩隋朝的。正是这个皇朝以及一位历史上具有颇多争议的皇帝，为这座城市的千年繁荣剪了彩。

王朝有代谢，而城市将永生。

2

今天，我们走在杭州的街衢巷陌，恐怕再也看不到一丝隋王朝遗留下来的痕迹，就连在那条仍然舟楫不断的运河边，你也感受不到一千四百年前的古风。机帆船的马达声过于嘈杂，机油将河面染得油星片片，很难想象在这么一条河里，曾经有三千宫娥粉黛，用她们的纤纤玉手牵引着一艘君王的龙舟。这条龙舟高有四十五尺，长二百尺，上下分四层，上层有正殿、内殿、东西朝堂，五品以上的官员都随行出巡，可以说，这位皇帝将他的整个朝廷都搬到了一艘船上。船内金玉装饰，豪华无比。整个船队由十万步兵和二十万骑兵护驾，绵延二百余里，舳舻相接，照耀川陆，旌旗蔽空，浩浩荡荡。望着这世界上最壮观、最空前绝后的出巡，龙舟上的隋炀帝心血来潮，用绫罗绸缎代替纤绳，下令宫女们接踵下水去给龙舟拉纤。宫女们的香汗染湿了运河，也染湿了一个朝代。

今天还有人坚持认为隋朝的灭亡是由于隋炀帝好大

喜功、穷奢极欲,开掘大运河,以至于劳民伤财,民怨沸腾。然而,这样堂而皇之传之久远的评判实在是有失公允。

隋朝开凿的大运河总长5000余里,就今天而言,仍是世界上最长的一条人工河。作为中国历史上第一条纵贯南北的大运河,其开凿有着深刻的社会背景和历史根源。江南地区在远古时期与黄河流域一样,同是中华民族的文明发祥地,这里曾出现过灿烂的良渚文明和吴越文化。但在秦汉时期,经济和文化却远远落后于同时期的北方。至三国时期,中原纷争,战乱不息,而南方在孙氏集团苦心经营下相对安定,社会经济遂得以飞速发展。东晋南朝时,由于江南地区战争较少,再加上中原士民大量南迁,带来了北方先进的农耕技术,使得农业自然条件较好的江南地区有了长足的发展,江淮、太湖流域一带,已成为全国的粮仓。当时就有人叹曰:"以区区吴越,经纬天下十分之九。"(《晋书》卷八十《王羲之传》)

雪梦千年

大运河的开凿实是始自隋文帝手上。开皇三年（583）六月，隋文帝命令当时著名的工程专家、"多使艺"、"有巧思"的大臣宇文恺调集大批水工和士兵开凿广通渠，历时三个月而成；开皇七年（587），隋文帝又下令开凿山阳渎，沟通长江和淮河。这一系列的工程都为他的继承者日后大规模开凿运河打下了基础。

事实上，无论是隋文帝还是隋炀帝，开凿运河的初始目的只有一个，那就是加强京都大兴（今陕西西安）与富裕江南的联系。隋朝初年，京师仓廪空虚，关中地区也出现了"地少而人众，衣食不给"的局面。当时的粮食供应主要依靠河北、河南、山西和山东，但陆路运输关山阻隔，水路的渭水漕运也一直是个大问题。作为一个有眼光的皇帝，杨坚把视线转移到了江南：开凿一条运河，把江南地区的粮食和财富运到京都和洛阳一带。

由于忙于统一大业的战事以及之后一系列的宫廷斗争影响，杨坚没有完成他的夙愿，那位被不少历史学家认定的杀父篡位者却终于完成了这项伟大的工程。

比起他的父亲，隋炀帝杨广对江南有着一份难以忘怀的眷恋。他登基前的功业就是平定南方的陈朝，而他本人雅好文学的浪漫气质和天才不羁的想象力也跟南方这片土地的禀赋更为吻合。

开皇八年（588），作为皇子的杨广受命统率五十万大军，向盘踞江南的陈朝发动总攻，这是他第一次踏上江南的秀丽土地。而这片秀丽土地也记载下了这位20岁年轻皇子的赫赫战功。后来，作为扬州总管，他曾有八年驻节江都（今江苏扬州）。当时的江都已是个横跨大江两岸的雄藩大镇。隋炀帝喜爱江南的繁华富庶，尤其嗜好江南春江花月的美丽景色。从他称帝前后所作的《春江花月夜》《江都宫乐歌》《四时白纻歌·江都夏》《早渡淮》《幸江都作》《迷楼歌》等诗中可以看出，他留恋江都，三下江都，并且死在江都。唐宋人的一些传奇小说（如《开河记》等）以此为主线，写他由于怀恋江都美景，兴师动众开凿大运河，破坏了睢阳王气，但他们都忽略了炀帝开凿运河在经济、政治、军事等方面的因素。隋炀帝为了储藏从江南征得的经运河运入洛阳的大量粟帛，不得不在洛阳修建了含嘉仓、回洛仓和洛口仓（又称兴洛仓）。含嘉仓在新中国成立后发掘探明了其中 250 个粮窖，大的可储粮 1 万多石，小的也可储粮数千石。有一个窖还残留着 50 万斤已碳化的隋代的谷子。而回洛仓也于 2013 年进行了考古发掘，"浮出"地面的整个回洛仓城东西长 1000 米，南北宽 355 米，相当于 50 个符合国际标准的足球场；其内内径 10 米的仓窖，东西成行，南北成列，约有 700 座，气势恢宏。每个仓窖可以储存约 50 万斤粮食，整个仓城可以储粮 3.55 亿斤。

也许只有秦朝的万里长城可以与大运河的工程相提并论，然而，偏偏两个震撼后世的伟大工程均出自两个短命王朝之手。于是，和孟姜女哭倒长城的故事流传一样，运河也背负了它自身意义之外的阴暗。然而，对于运河最南端的一座城市而言，大运河的开凿，使杭州成为了"川泽沃衍，有海陆之饶；珍异所聚，故商贾并凑"（《隋书·地理志》）的商业城市。

唐末诗人皮日休在《汴河铭》中就已对大运河作出了较为客观的评价："在隋之民不胜其害也，在唐之民不胜其利也。"其实，得利于运河的又岂止唐朝的人民，可以这么说，泽被后世的运河哺育了杭州，它的凿成，提高了杭州的地位，促进了杭州城市的发展与繁荣，使它成为中国东南地区一颗光彩夺目的明珠。

傅崇兰在《中国运河城市发展史》一书中说:"根据现有文献的记载知道,自隋代开挖江南运河以后至南宋末年……杭州城内水系的畅通,则既靠西湖水的灌注,又靠与运河相通,二者缺一不可。由此可知,杭州城市位置的稳定,既不能缺少西湖,也不能缺少运河。"这是对杭州自身而言。

放在历史的大背景中来看,运河沟通了南北,运河的凿通使南方真正进入了北方的视野。历朝统治者都认为"东南为财赋之区,西北为用兵之地",而要把东南的财赋运往北方,大运河占有举足轻重的地位,甚至足以决定封建王朝的盛衰隆替。

杭州也正因位于大运河的最南端,由交通的缘故而给这座新生的城市带来了福祉。隋唐时期,杭州一跃成为东南重要的城市,有了"大都""名郡"之称,后来又渐次超越苏州、越州(唐时绍兴的称谓);到了吴越国时期,甚至超过江南最为富庶的扬州(即隋朝时的江都),上升为东南第一州,以至于宋室南渡后最终选择了这里成为偏安的国都。南宋时的杭州都市发展达到顶峰,不仅成为全国第一州,而且成为世界第一大都会,至元时意大利人马可·波罗来华,还感叹杭州是世界上最美丽华贵的城市。这一切的发展,实在有赖于运河水的滋养。直至清末,杭州因运河衰落,不仅丧失了全国第一大都会的地位,连东南第一州的地位也不复保持。自是,杭州的政治地位为南京所取代;经济地位也渐为漕运、盐运中枢的扬州和后起的通商口岸上海所超越。

顺便说一句:由慧理从印度传入杭州的佛教在隋唐时期也得到了长足的发展。

第四章 上天眷顾的城市诞生了

晚霞映照下的京杭运河

在隋之前分裂三百六十余年的魏晋南北朝是中华民族的种族空前大融合时期，各民族的多元文化孕育出中华民族的文化共同体。而这个时期，印度佛教作为一种外来文化，经过与中国本土文化长期的碰撞、交流和融会，终于落地生根，并开始主动迈出了佛教中国化的步伐。在隋唐大一统的政治格局下，中国佛教迎来了它的鼎盛期。

事实上，全国性的崇佛正是从隋朝的杨氏开始的。

早在南北朝的时候，杨氏就是北周的勋臣。即使在北周武宗灭佛的危难时刻，身为北周勋戚的杨氏高祖还不惮藏匿僧侣于家中，保护佛门弟子。隋文帝杨坚更是笃信佛教，他本人就出生在佛寺内，并由一位尼姑抚养至12岁。仁寿元年（601），隋文帝还效仿印度的阿育王，亲自将佛舍利分别装在特制的宝瓶中，由高僧迎往全国三十个州治，祀奉供养，宣布全面崇佛。可惜没有史料记载，当时的杭州由哪个寺院承接了这个装着佛舍利的宝瓶，当然也就无从考其下落。

而隋文帝的继承者隋炀帝，这个中国历史上弑父弑君、荒淫无度的暴虐之主，在中国儒家教义的标准下是遗臭万年，但因其崇奉佛教，尤其与佛教天台宗的创立者智𫖮大师有密切交往，却被佛教徒比作阿阇世王，其在中国佛教史上的地位之高可想而知。至于后世的唐朝，对佛教推崇至极的女皇帝武则天，其母亲杨氏就出自隋朝的宗室。武则天的血统与隋杨相承，宗教信仰也沿袭了母家的家世遗传。

正是因为有了这样的时代背景，杭州这座城市便恒久地呈现出佛光普照的祥和气象。

3

在中国的风水堪舆学中，把水比作财，所谓"活水生财"。杭州这座城市多的就是水，钱塘江、西湖还有大运河，更不用说一年四季丰沛的雨水，所以外地人总是用羡慕的口吻说杭州是一方柔情似水的温情乡土，说杭州的女孩子也都个个水灵漂亮——"喝西湖水长大的嘛！"这当然是个形象的说法，今天的杭州人是不喝西湖水了，跟大家一样，喝自来水、纯净水或者矿泉水（杭州主城区大部分的自来水来自于千岛湖），然而，将时光上溯1200年，这话倒真说对了。

三四十年前，杭州的大街小巷还遍布着许许多多口水井。随着城市建设的推进，这些井大多湮灭了，这不能不说是文明进程中的遗憾。历史上，杭州是个多井的城市，它的发展曾与井休戚相关。这一点从杭州现在仍保留着的老地名上可得到印证，如大井巷、小井巷、井弄、井亭桥、义井巷、方井巷、湾井巷、百井坊巷、白井儿头、双眼井巷等等；连西湖风景区内带"井"的名胜也是一大串：龙井不必讲了，吴山钱塘第一井也就是"大井"，虎跑路上的四眼井极有可能就是吴越国时有名的甘露泉，还有韬光的白居易烹茗井、净慈的济公运木古井、葛岭的葛洪还丹井、玉皇山上的日月井等。

旧时杭州的井与其他城市看到的普通的井有所不同，因为它是取自西湖的水。而这项发明归功于唐建中年间（780—783）的一位刺史。

刺史是唐朝的地方最高行政长官，相当于今天的市长。这位刺史的名字叫李泌。

李泌这个人在今天算不上名气很大，但是熟读《三字经》的朋友应该知道："泌七岁，能赋棋。彼颖悟，人称奇。尔幼学，当效之。"他在古代可是偶像派的天才小神童，据说在他还是个几岁大的小孩子时，就曾当面批评名相张九龄不该喜欢"软美者"，也就是那些阿谀奉承、娘娘腔的人，让张九龄大跌眼镜，佩服得连呼他为"小友"。天宝年间（742—756），唐玄宗命他待诏翰林，成为太子李亨的师友。安史之乱中，玄宗逃往四川，李亨继承大统，是为肃宗。肃宗留下来收编散乱的兵力，准备反攻，李泌就是在那时候到肃宗身边效力的。他当时年纪很轻，就得到天下重名。李泌平时的表现也不像做官的人，常常一袭白袍，潇洒自在；他的目的就是不让大家知道他是皇帝身边重要的谋臣，而事实上，肃宗对他很信任，他也在政治、军事各方面作出了不少贡献。

李泌是唐玄宗、肃宗、代宗、德宗时代的四朝元老，但每每受到杨国忠、李辅国、元载等奸佞之徒的排挤。他倒也不在意，因为他是相信道教的，不太热衷于做官，即使后来官拜宰相，也常常要请辞回家，隐居山林，所以世称"山中宰相"。在进入权力中心之后，李泌仍时刻以世外神仙自居，甚至不惜以荒诞的形式宣示于众。《唐国史补》卷上记载："李相泌以虚诞自任。"有时候他会对家人下令，速速洒扫，今夜洪崖先生（传说中的上古仙人）要来我家住宿。有时候，他又送人一坛美酒，说是麻姑送来的酒，与君同倾。

李泌可以说是官场当中的异数，一个超凡脱俗的宰相。他曾四次被排挤出朝廷，又四次回到朝廷，且一次比一次更受重视，这在中国历史上是不多见的。屡蹶屡起的原因，主要得力于他恰当的处世方法和豁达的心态。每次被赶出朝廷，虽然我们不敢断定他就没有怨心，但我们的确没有听到他的怨言，这是他没有受到进一步迫害、能够东山再起的根本保证，也就是民间所谓的"宰相肚里能撑船"。李泌先后五次入京为官，除前两次为主动入京外，后三次都是被朝廷征召，这说明李泌已经达到了顺应外物、无我无物的境界，做到了儒家所提倡的"用之则行，舍之则藏"。行藏出入都过得十分充实，心情都很平静。

李泌是唐德宗建中二年（781）九月从澧州刺史调任杭州刺史的，这时候他已经是花甲之年。他的任期到德宗兴元元年（784）六月征赴奉天行在止，历时两年九个月。这短短的两年九个月中，李泌流芳后世的政绩就是开治了六口水井。

比李泌晚三百多年任杭州知州的苏东坡在宋哲宗元祐五年（1090）四月二十九日奏报皇帝的《乞开杭州西湖状》中说："杭之为州，本江海故地，水泉咸苦，居民零落。自唐李泌始引湖水作六井，然后民足于水，井邑日富，百万生聚，待此而后食。"

从苏轼的这份奏状中我们可以看出，杭州其实也有缺水的时候，而且缺的是可供饮用的淡水。

我们前面讲到，杭州是一座来自海洋的城市。从沧海到桑田是一个十分缓慢的渐变过程，即使到了隋唐时期，这个渐变的过程仍未彻底完成。由于杭州地近江海，地下水还是海水，没得到净化，水质咸苦，居民的饮水很困难。李泌下车伊始就着手解决饮水问题，他采用的办法是引西湖水入城，凿六井以蓄水养民。

在杭州闹市区的浣纱路、井亭桥西侧至今还砌着井圈护栏保护着一口古井，这口井据信就是当年李泌六井中最大的一口井。因李泌晚年曾任宰相，所以井便得名叫"相国井"；而从前井上曾建有亭子，所以这一带就叫"井亭桥"。

相国井

从今天的相国井来看，外表与一般的水井并无二致，但其构造却与掘地三尺见水而成的深井有所不同。事实上，它不是一般的井，而是引水、蓄水、放水的一套系统。

这种井由入水口、地下沟管和出水池三个部分组成。先在西湖里疏浚湖底，挖成水口，砌以砖石，护以木桩，做好一个入水口；其间蓄积清澈的西湖水，有的还设置了水闸，可以调节启闭。然后，在城内居民的聚居处，开挖大池（井），引西湖水流注水井，将水井注满以供居民饮用。只要西湖水不干涸，水井虽日汲千万担亦无枯竭之虞。从某种意义上说，后世林则徐谪戍新疆，在当地搞的"坎儿井"倒与之有些类似。这样具有创造性的城市给水工程，在1200多年前兴工建成，不由让人称叹不已。

唐代的城市，坊、市分离，即居民住处与市场不在一起，居民饮用水井则建在坊中，人们围绕水井而居。今天我们仍在用"市井人家"的说法，"市""井"并称，井越多，越折射出此地的繁荣。当时，李泌在居民集中的六处地方建池筑井，分别为相国井、西井、金牛池、方井、白龟池和小方井。它们的入水口，在今天湖滨一带的西湖中，而出水口就是这六口井了。

杭州人正是由于有了李泌六井，遂得以孳息繁衍，到了唐代中叶，杭州已拥有近60万人口。而饮水思源，当时的杭州人喝的倒真是西湖的水啊！

从前文所引苏轼的报告，我们也可以知道这六口井甚至到了宋代仍是杭州重要的民生工程。到了明朝田汝成写《西湖游览志》时，已有四口井完成了它们的历史使命，宣告坏废，只剩下相国井和西井仍在使用。而且，这两口井之所以还在用，也是因为它们本身就有地下水源，不依赖于西湖水口的供水，也就是说已经跟一般的井一样了。当然了，到了明代，沧海桑田的演变已经完成，地下水不再咸苦而可以直接饮用了。到了清代，杭州城内设旗营，相国井与西井都在旗营内，均被填塞，至此，唐开六井皆废。

辛亥革命杭州光复后，旗营被拆除，人们在井亭桥畔相国井故址用红砖砌大井栏，作为李泌所开相国井的标志，亦表示对李泌开六井的纪念。1987年，又在原址修建井圈护栏，立石碑记其梗概，现在相国井已是杭州市市级文物保护单位。

造福人民的官员，人民不会忘记。

4

> 湖上春来似画图，乱峰围绕水平铺。
> 松排山面千重翠，月点波心一颗珠。
> 碧毯线头抽早稻，青罗裙带展新蒲。
> 未能抛得杭州去，一半勾留是此湖。

这首《春题湖上》是白居易在长庆四年（824）杭州刺史任内写下的七言律诗。这首诗大范围地写了西湖：首联说春来美景宛如图画，四周群峰环绕，湖面春水平铺。颔联从灵隐九里松一带的重峦叠翠，说到月照湖心，好像一颗明珠。颈联写近湖地带水田早稻嫩苗像大片碧毯上的线头，湖岸边的新蒲一如女子的青罗裙带。53岁的白居易眼看着自己这杭州刺史的任期将满，不由得对这份好山好水留恋万分。

此时此刻，他坐在春日的湖畔，把一生的遭遇都向着这一泓湖水诉说，湖水不答，只向他泛起连绵不断的

令人眩晕的涟漪:

白居易与杭州的渊源其实在少年时期就已经结下。这位出生在河南新郑的少年,十四五岁的时候为了躲避中原的战乱曾来到江南,第一次踏上了杭州的土地。

在那个藩镇割据、兵燹频仍的年代,江南地区的苏杭一带远离战场,仍保持着相对宁静繁华的景象。白居易来到这里后,耳濡日染,受到了这里文化氛围的感染,也受到了这里山水风光的陶冶。当时的杭州刺史是肃宗时的宰相房琯的儿子房孺复,这是一位还不到四十岁的青壮年刺史,为人狂放豪宕,也有文才,他与苏州刺史、著名诗人韦应物频相往来,诗酒唱和,在苏杭之间传为美谈。白居易对他们的才调、逸兴十分倾慕,心向往之,却只恨自己年少不能参与宴游聚会。少年白居易对苏杭留下了极好的印象,他后来做苏州刺史时,写了一篇《吴郡诗石记》,涉及这段美好的回忆:

> 贞元初,韦应物为苏州牧,房孺复为杭州牧,皆豪人也。……时予始年十四五,旅二郡,以幼贱不得与游宴,尤觉其才调高而郡守尊。以当时心言,异日苏、杭苟获一郡,足矣。

这位少年当时的理想就是长大后能够在苏州、杭州二地任何一处当一任刺史——而命运真是善待白居易,后来居然让他在二地都出任了刺史:先是杭州,后是苏州。

不过,当时的懵懂少年却不敢作这样的奢望,白居易离开杭州后来到了京城长安。他拿着自己的诗作去拜谒当时的著名诗人顾况。顾况一看到白居易的名字,就跟他开玩笑道:"长安米贵,居大不易。"但是,当顾况读到白居易《赋得古原草送别》"野火烧不尽,春风吹又生"之句时，不禁大加赞赏，当即改口道："能写出这样的好诗，居亦易矣！"此后，顾况到处褒奖，白居易声名大扬。

然而，即便是少年成名，白居易后来的仕途却并不顺当，京官做着做着就被贬外放了。"浔阳地僻无音乐，终岁不闻丝竹声。住近湓江地低湿，黄芦苦竹绕宅生。"这样的生活让时任江州司马的白居易青衫湿透；后来调任忠州刺史，也是穷乡僻壤，两岸唯闻猿声。所以，当他51岁接到赴杭州的调令时，写下"五十江城守""头白向江东"等诗句，虽说有些自我揶揄，涌上怀旧与迟暮的感慨，但总体上心情还是兴致勃勃的。

白居易接到来杭州当刺史的调令是在唐穆宗长庆二年（822）七月，这个时候距李泌凿六井已经过去了三四十年。李泌的时代，杭州还是一个人丁不蕃的新兴城市，而随着六井的开凿，城市人口激增，大运河的交通优势也日渐显现，这里呈现出一派商业繁荣、经济发达的景象。所谓"咽喉吴越，势雄江海……况郊海门，池浙江……水牵卉服，陆控山夷，骈樯二十里，开肆三万室"（李华《杭州刺史厅壁记》）就是对杭州繁华景象的描绘；所谓"灯火家家市，笙歌处处楼"，从唐代诗人的诗篇中，我们也读到了这一信息。

根据史料记载，唐朝杭州的社会经济开始逐渐发展繁荣。依人口而言，杭州在贞观年间（627—649）仅35071户153729口；到了开元时（713—741）增加到86258户；到唐宪宗元和（806—820）时，户数更增至于10万户。唐时杭州城市工商业繁荣，列为东南名郡，钱塘江口的海舶，畅通无阻，沿海贸易也集中于此，外商如日本、高丽、大食（阿拉伯）、波斯等，往来于此，络绎不绝。杜甫诗"商胡离别下扬州，忆上西陵故驿楼"

（《解闷十二首》），诗中的西陵即今之杭州西兴，是当时海舶出入必经之地。宪宗朝，杭州的税钱已达50万缗，而当时全国一年的财政收入也只有1200万缗，杭州的税收占了1/24。难怪韩愈要说："当今赋出于天下，江南居十九。"可以说，杭州在李唐一朝，江南鱼米之乡的雏形已经形成。

到这样一个充满希望的地方来当刺史应该是很多宦游人士的向往，比如才子杜牧就曾向朝廷上表要求出任杭州刺史，但命运却还是垂青了年过半百的白居易。

让白居易如愿以偿地当上杭州的刺史，是上天对白居易的眷顾；而给杭州选了白居易这么一位刺史，则是上天对杭州的眷顾。

今天的人们说起白居易与杭州，首先想到的就是他留给我们的那些美丽的诗篇。

确实，杭州的山水自古就滋润了诗人和诗。然而，西湖作为一个独立的江南山水的标志，其成名之始则还是在李唐一朝，可以说跟白居易的大力弘扬也分不开。

如果说唐以前乃至初、中唐，如李泌的时代，西湖于杭州仅有水利之功，那么到了中、晚唐，则湖山名胜相继形成。唐时，西湖园林名胜集中在灵竺、孤山、凤凰山一带。灵竺、孤山以寺庙园林著称，而凤凰山一带，则以州治园林即今天所谓的国家公园为主。西湖山水钟灵毓秀，寺院林立，处处流连骚人墨客。去灵隐、天竺、孤山游览佛寺，观赏山水，去龙井、虎跑、玉泉探幽品茗……西湖遂成游览佳处。骚人墨客纷纷吟咏西湖山水，有唐一代的诗坛巨匠如宋之问、孟浩然、王昌龄、李白、崔颢、綦毋潜、张籍、刘禹锡、杨巨源、卢元辅、许浑、

绿杨阴里白沙堤

白居易、姚合、元稹、张祜、贾岛、徐凝、韬光、真观、处默、杜荀鹤、温庭筠、罗隐等,都对西湖有诗题咏,其中以白居易最为著名。事实上,"西湖"的名称也是最早出现在白居易的《西湖晚归回望孤山寺赠诸客》和《杭州回舫》等诗中。诗以景名,景借诗传,西湖风景由此扬名四海。

孤山寺北贾亭西,水面初平云脚低。
几处早莺争暖树,谁家新燕啄春泥?
乱花渐欲迷人眼,浅草才能没马蹄。
最爱湖东行不足,绿杨阴里白沙堤。

今天的游客大抵都知道这首《钱塘湖春行》。唐穆宗长庆二年(822)冬十月,白居易到达杭州刺史任所,第二年春夏,便写出了这首不朽的名篇。

宋代葛立方的《韵语阳秋》说:"钱塘风物,湖山之美,自古诗人标榜为多……城中之景,唯白乐天所赋最多。"确实,白居易在杭州"三年为刺史",在郡城中就"题诗千余首",他的诗篇给西湖的自然美景增添了迷人的文化色彩,历代诗人能与他匹敌的,恐怕也只有后世的苏东坡了。

白居易喜欢在湖边漫步,感受西湖的细腻温柔,也喜欢观潮览胜,领略钱塘江的波澜壮阔。他的州衙官署就设在凤凰山,府署内有一座亭子叫虚白亭,而那时候的钱塘江潮水直扑五云山下。白居易很喜欢在郡亭上悠闲地喝着酒,随意地搁个枕头,慵慵懒懒,斜躺着观望潮水。他甚至觉得自己在杭州的日子就是随着潮水的来去而度过的。"早潮才落晚潮来,一月周流六十回。不独光阴朝复暮,杭州老去被潮催。"(《潮》)即使到了晚年退居洛阳后,他回忆起在杭州的这些好日子,还是无比怀恋:

江南好,风景旧曾谙。日出江花红胜火,春来江水绿如蓝。能不忆江南?

江南忆,最忆是杭州。山寺月中寻桂子,郡亭枕上看潮头。何日更重游?

白居易的另一个爱好是踏访山寺。前文说过,自从慧理在杭州播下了佛教的种子,这里的佛寺便如雨后春笋般一座一座拔地而起。白居易在杭州时特别喜欢到天竺的佛寺里游览,除了因为那里环境清幽,有许多僧人与之交好之外,还因为天竺的桂花最著名。有时候为了赏桂,他还特地"挂单",住在了寺院里。

天竺桂花之所以出名跟一个神奇的传说有关:相传在武则天的时候,一个秋夜,皓月当空,忽有桂子从天

第四章 上天眷顾的城市诞生了

山寺月中寻桂子

上落于天竺，如珠玉般璀璨，时人不识此为何物，忽有一人告诉大家："这是月中桂子呀！"于是，天竺寺旁的山峰就叫了月桂峰，月中落桂子的传说也就这么传开了。初唐诗人宋之问的"桂子月中落，天香云外飘"，说的就是此事。白居易对这个故事也是深信不疑，在他的诗里也经常转述这层意思，后来，他调去苏州当刺史，看到苏州的桂花开放，还说"子堕本从天竺寺"呢！而天竺寺的僧人在月夜赏桂时，竟然"犹诵乐天诗"。

"山寺月中寻桂子"成了白居易最美好的记忆。赏桂当是天竺最佳，而访寺更因有几位禅林朋友让白居易牵挂。

据《西湖游览志》记载，有一位西蜀僧人辞别师父出游，师父嘱咐他："遇天可前，逢巢即止。"这位僧人云游到灵隐山巢构坞，当时正好是白居易在杭州当刺史，白居易号乐天，僧人恍然大悟："这就是师父说的地方了！"于是，就在这里筑庵修禅。他筑的庵叫韬光庵，取"韬光养晦"之意。庵就在灵隐山上，现今犹存，而这位僧人就被人称为"韬光禅师"。白居易听说此事后，有心结交这位方外朋友，以写诗的方式约其进城会晤，没想到，韬光禅师也极有个性，对"大领导"的邀请并不感到受宠若惊，反而带着几分高傲，同样写诗一首，婉言拒绝了。白居易顿悟自己的怠慢，立刻敛衣入山拜见禅师。于是，两人汲水烹茗，吟诗论文，现在韬光庵里还留有一口烹茗井，相传就是他们当年汲水煮茗之处。

　　白居易的另一位禅林朋友是凤林寺的圆修和尚。凤林寺在今天的香格里拉饭店附近，今已无存。据说唐朝的凤林寺前有一株大松树，开山和尚圆修就坐在松树上打禅。这一坐就是四十年，连鸟鹊都在他旁边筑巢了，人们惊讶地称其为"鸟窠禅师"。白居易去拜访他，问他修禅之道。和尚说："诸恶勿作，诸善奉行。"白居易听了颇不以为然："这个道理连三岁小童都晓得！"和尚说："三岁小童都会讲的道理，八十岁老头也未必做得到。"白居易深以为然。

　　还有一次，白居易仰头对在树上打坐的圆修说："大和尚坐在高处，也太危险了！"

　　圆修却说："刺史你比我更危险。"

　　白居易一时难以理解："我有什么危险？"

　　圆修说："名利场上争名夺利，官场宦途风险莫测，你难道还不危险?"

通过跟这些禅师朋友的交往,白居易对佛学的理解日益精进,而唐代杭州佛教的兴盛与他这位刺史长官的信仰与提倡也不无关系。

当然了,我们今天纪念白乐天,也不仅仅是因为他给杭州留下了这么多诗篇佳作。尽管他在赴任之时曾戏谑"且向钱塘湖上去,冷吟闲醉二三年",但这位大诗人在杭州毕竟不只是"冷吟闲醉",虚掷光阴。事实上,他在杭州做地方父母官前后共 20 个月,政绩斐然,有口皆碑。

今天我们如果想看有关白居易在杭州的最具代表性的遗迹,大多数的导游会把你带到白堤去。西湖当中横亘着一条白堤、一条苏堤,据说分别是纪念白居易、苏东坡这两位杭州人最引以为豪的父母官的。"杭州若无白与苏,风光一半减西湖",这样说一点也不为过;然而说白堤是白居易留下的,实在是一个美丽的误会。

《新唐书·白居易传》简要地记载了白居易在杭州的政绩:"始筑堤捍钱塘湖,钟泄其水,溉田千顷;复浚李泌六井,民赖其汲。"可见,白居易在杭州的政绩主要有两项:筑钱塘湖堤和疏浚六井。

自李泌开凿六井距白居易来杭任职已经将近四十年,六井与西湖相通的输水管道严重淤塞,影响了城内供水,所以白居易组织完成了这一疏井引水的工程;那么,这条钱塘湖堤是不是今天的白堤呢?

当时的西湖有上、下两湖:上湖即今西湖,地势较高;下湖当时叫泛洋湖,地势较低,今已湮废。两湖之间,虽筑有旧堤,但堤太低,且年久失修,天旱时,湖水不足,难以灌溉;天大雨,湖水横流,难于蓄存,而且西湖还经常淤塞。白居易经过实地考察和周密调查后,力排众议,决定兴修水利,蓄水灌溉,筑堤救灾。他亲自主持修建了一条拦湖大堤,其位置大约在今宝石山东麓向东北延伸至武林门一带,当时人称"白公堤"。堤成之日,白居易还写了一篇《钱塘湖石记》,刻石勒碑于湖岸,开篇就说:"钱塘湖事,刺史要知者四条……"这分明就是对继任者的殷切交待了。文中详细讲述了治湖的道理、筑堤的经过及湖堤的重要水利功能。今天的圣塘路口水坝亭子上,全文书写着这篇《钱塘湖石记》,结尾处郑重署名:"长庆四年三月十日,杭州刺史白居易记。"

为了保护西湖的自然环境,白居易还发布了一条特别的法令:穷人如果违反了西湖管理之法,就罚他在湖边种几棵树;富人如果触犯了此法,就罚他在湖上辟除葑草——因葑草蔓生易致淤积,湖面也会愈窄,影响水

《惜别白公》群雕

利——"唯留一湖水,与汝救凶年。"(白居易《别州民》)在白居易的心目中,西湖对于杭州老百姓的民生福祉实在是太为重要,所以后来他在诗中这么说。

白居易当年筑的那条"白公堤"到明代的时候渐次崩塌,曾进行过重修,但现已不存,它当然不是今天的白堤。今天的白堤在当时称为白沙堤或沙堤,白居易在诗中也屡有提及。但后人为了纪念白居易,更愿意在情感上接受白堤即白公堤。

白居易对杭州、对西湖以及对这里的人民是怀着深厚感情的。但是,皇命难违,长庆四年(824)五月,白居易奉诏离杭。杭州的老百姓舍不得这位父母官离去,"耆老遮归路,壶浆满别筵"(白居易《别州民》)。就在万众的夹道相送中,白居易带着杭州人民对他的爱戴,离开了这片土地,他给杭州留下了一湖清水、一道芳堤、六井甘泉,留下了许多优美的诗篇。他带走的只是从天竺捡的两片石头以作纪念,可就是这区区的两块小石片,也让他着实不安了一阵子:"唯向天竺山,取得两片石。此抵有千金,无乃伤清白。"(《三年为刺史二首》)

白居易给后人留下的诗篇有将近 3000 首,在唐代诗人中,他的存诗最多。而现存白居易诗作中,描绘杭州山水胜迹、四时风光、人情风物的就有 200 首左右,为历代诗人之最。他的诗歌在当时广泛流传,"王公、妾妇、牛童、马走之口无不道",通过他的诗,杭州湖山之胜得以极大地扬名。值得一提的是,一句至今仍广泛流传的民谚"上有天堂,下有苏杭",恐怕跟他也不无关系。

前文说过,白居易少年时感佩韦应物、房孺复两位刺史的风雅行止,几度将苏杭并提;而后来,他又先后出任杭州和苏州的刺史。对于这两座城市的喜爱程度,他恐怕更偏向于杭州，这从他的诗词中可以得到印证："雪溪（湖州）殊冷僻，茂苑（苏州）太繁雄。惟有钱塘郡，闲忙恰得中。"他晚年在洛阳写下几首《忆江南》的词，也是这么排序的："江南忆，最忆是杭州。""江南忆，其次忆吴宫。"不管怎么排序，有一点是可以肯定的：正是白居易经常把苏杭两座城市相提并论的。

我们今天能够找到"上有天堂，下有苏杭"这句民谚，这是从宋室南渡时曹勋听到的金人口口相传的"上界有天堂，下界有苏杭"演变而来的，南宋范成大在《吴郡志》中也有类似说法："天上天堂，地下苏杭。"范成大在他的记载中也引用了白居易的诗，并且说："谚犹先苏后杭，说者疑之。"——不过，苏州从秦汉时期就一直是吴郡的治所，在唐朝的时候，苏州的经济发达程度也确实排在杭州之前，所以，"先苏后杭"的提法既是为了押韵，也是符合事实的。我们至少可以这么说，"上有天堂，下有苏杭"这句民谚虽然不是出自白居易之口，但白氏对这句民谚的形成其实是厥功至伟的。

5

白居易还有两句诗："红袖织绫夸柿蒂，青旗沽酒趁梨花。"他在诗旁自注云："杭州出柿蒂花者尤佳也。"因为古文是没有句读标点的，于是就有人把白氏的自注误断为："杭州出柿，蒂花者尤佳。"——杭州确实出柿子，西溪边上的蒋村出产的柿子就很有名，但白居易诗里夸的却是一种叫"柿蒂绫"的丝织物。

我们在前面的章节里讲到过杭州的茶叶，现在要讲杭州的丝绸了。

杭州，素有"丝绸之府"的美誉，自古就有"日出万绸,衣被天下"的说法。杭州栽桑养蚕的历史可上溯到四五千年前的良渚文化时期,得天独厚的地理环境养育了江南深厚的蚕桑文化。早在魏晋时期,杭州就开始了对外的丝绸贸易。据日本人佐藤真写的《杭州之丝织业》记载:在日本机制业未发达之前,所称的吴国的服地,就是由杭州输入的丝织物。现今日本还有"吴服店"的名称,其起源就在于此。可以说,杭州实为日本丝织物之始祖。

隋代开通大运河,使得杭州得江、河、海运之便利,货物运输能力大大提升,杭产的绫罗绸缎被贩运至全国各地,但此时的杭产丝绸毕竟还只处于民间交易的地位。

到了白居易所处的唐朝,情况发生了根本性的改变:根据唐代文献《唐会典》的记载,杭州在盛唐开元年间(713—741)就已经上贡白编绫、绯绫和纹纱等丝织产品。按照惯例,每个州都有把本地的土特产上贡给朝廷的义务,称为土贡。唐朝政府对各州贡品的数量要求并不多,以绢价而论,无过50匹,折成绫,则更少。史料记载,杭州年贡的白编绫在10—12匹之间。如此的数量,可能是由官府专门指定织工数人生产的。白居易有一次宴请两位穷朋友,席间突然对他们的衣着寒酸大发感慨,"因命染人与针女,先制二裘赠二君"(《醉后狂言酬赠萧殷二协律》)。刺史府中既有可供差遣的染工与针织女工,可见,唐时的杭州丝织从业人员已成规模,丝织品也已经成了地方上的拳头产品。

那么,杭州的丝织业何以在唐代得到一次飞跃呢?

说到杭州丝绸的这次飞跃,我们却要先从一位书法家说起,他就是被唐高宗赐爵河南郡公、世称"褚河南"

的褚遂良。

褚遂良是杭州人，但他的先人是从阳翟（今河南禹州）迁居来钱塘的。

唐太宗李世民精于书法，常同唐初的大书法家虞世南讨论书法技艺。虞世南死后，魏徵就向太宗推荐了褚遂良，太宗见了褚遂良的书法后大为赏识，自后渐渐信任，褚遂良就成了太宗"大秘"式的人物。太宗去世的时候，褚遂良甚至跟长孙无忌一起成了托孤大臣，辅佐高宗登基。后来，因为反对武则天，长孙无忌被赐死，褚遂良也被贬官流放到爱州（今越南清化），最后死在那里。

武则天死后，褚家被平反，回到中原。褚遂良的九世孙褚载，原先住在广陵（今江苏扬州），后来迁回老家杭州。由于广陵是当时的丝织业名城，机杼之巧，堪夺天工。因此，褚载在迁居的时候也带来了广陵先进的丝织技术，从此之后，杭州的丝织业便有了显著的发展和提高。

到了白居易当杭州刺史时，他已经不满足于白编绫、绯绫这类传统的织物，于是就有了"红袖织绫夸柿蒂"这样的创新产品。

所谓的"绫"，在唐代是指起暗花的单层提花织物，而所谓的"柿蒂"其实就是由4个花瓣组成的小花图案，以散点团窠的形式排列，给人以清秀、淡雅的南方韵味。这种图案虽然简单，但在唐以前却很少见。而史料中柿蒂绫的出产也仅见杭州一地。今天的新疆吐鲁番、甘肃敦煌、青海都兰等地出土的唐代丝织物中多有这种图案，我们虽不能肯定它们就是杭州的柿蒂绫，但考古发现和

〔宋〕梁楷《蚕织图》(局部)

文献记载都证实了曾有不少的江南丝织品通过丝绸之路来到了我国的西北地区。

杭产丝绸从发展之日起就沿着有南方特色的路子前进,这个特色就在于质地的轻薄和图案的新颖,所以,白居易要骄傲地把柿蒂绫与杭州当时的名酒梨花春相提并论。

杭产丝织品在唐宋时已有盛誉,南宋时有一幅描绘杭州一带蚕织技术的《蚕织图》,其中画了一架有两片地综的绫机,行家告诉我们,这在当时堪称最先进的织机。而到了元明清时代,杭州的丝织业更是发达,《东畲杂记》称"杭州机杼甲天下"。清朝立国后,分别在江宁(今江苏南京)、苏州和杭州设立织造衙门,专供宫廷和官府需要的各类丝织品。我手头有一份乾隆三十二年(1767)的进贡清单,这一年江宁织造进贡丝绸4293匹,苏州织造进贡丝绸2061匹,杭州织造进贡丝绸 4765 匹，可见杭州的丝绸产量已居官办织物的首席。其时，杭州官营的丝绸生产工场为织染局，在今闹市区的红门局一带，因为杭州织造的大门一直是朱红色的，象征着官府的尊崇地位，所以杭州的老百姓就直接管它叫红门局了；而民营的丝绸作坊则集中在东园巷、艮山门附近，可谓"机杼之声，比户相闻"，丝绸之府的美誉名不虚传。

喝水不忘掘井人，没有褚载的回归就没有杭州丝绸之府的地位。褚载的功绩为后世杭州丝织界所推崇，昔日的褚家祠堂，后来修建了观成堂，就在今天的直大方伯 92 号，里面还保留着光绪三十年（1904）刻立的《杭州重建观成堂记》碑，碑文中赫然记着："昔褚河南之孙名载者，归自广陵，得机杼之法，而绸业以张。"杭州人甚至把褚载奉为"机神"，在杭州原先丝织界的圣地、东园巷机神庙里就供奉着褚载的神位。这也是杭州人一贯的不忘初心。

在互联网时代的今天，人们对丝绸的感觉或许有些淡然，但在古代，绫罗绸缎绝对是财富与华贵的象征。讲一个故事：罗马帝国大军东征，与波斯大军在沙漠相遇，波斯军的战旗均是丝绸制作的，猎猎旗帜在烈日下闪着耀眼的光芒。罗马士兵看得目瞪口呆、目眩神迷：在当时的罗马，每磅生丝要卖到 12 两黄金！这仗还怎么打？战争的结果可想而知。

这是丝绸的力量！

在古代农耕社会，"鱼米之乡"和"丝绸之府"两者居其一就足以傲视海内，富甲一方；而上天垂青杭州，将这两者都作了她的"嫁妆"，杭州人便有了一种天然的优越感：他们热爱自己的家园，将之比作"人间天堂"。

在这"天堂"里生活的人们，富足而知礼，乐善而好施，急公而近义，他们似乎也是上天钟爱的选民。

评曰：

一座城市诞生了！它开始第一次以年轻而激昂的生命形象步入中华文明的合唱之中。于是，有了唐诗里的江南，遍地垂柳、酒旗招展、杏花春雨的江南。而"天堂"的美誉，其实来自这里人们富足而知礼的生活。

大事记：

* 唐昭宗乾宁四年（897），钱镠为镇东军节度使，全据浙西、浙东，还治钱塘。唐赐钱镠誓书铁券。

* 唐昭宗天复元年（901），钱镠巡故里衣锦营，大会故老宾客，山林树木皆覆以锦幄。同年，唐升衣锦营为衣锦城，加钱镠镇海、镇东节度使，守侍中，进彭城王。

* 梁太祖开平元年（907），进封钱镠为吴越王。

第五章 纷乱世道中的陌上花开

1

罗贯中在《三国演义》里开宗明义,道出了中国历史发展的一条基本轨迹,即所谓"分久必合,合久必分"。经过300余年隋唐王朝的一统天下,中国又进入了割据混战的时代,自公元907年起至960年的53年,被中国史家称为"五代十国"时期,就好像是将隋唐以前的分裂局面翻了个面重新显现。对于这一时期,黄仁宇在《中国大历史》一书中是这样形容的:"简单地说,北方称帝的朝代有心制造统一的大帝国而力不从心的时候,南方的将领也乘机称王,采取行动上的独立。"

公元907年,南方一位名叫钱镠的将领正式建立了吴越国,并选择杭州作为都城,时称西府或西都,从此,杭州第一次成为一个国都,成为全浙江(当时还包括今福建北部和江苏南部的一些地区)的政治、经济、文化中心。

钱镠的老家就在今天杭州市下辖的临安区锦城街道。这一族钱姓相传是最长寿的彭祖部落迁徙到此繁衍下来的。据说,钱镠这位造福东南的开国之主生下来的时候奇丑无比，险些因此被其父扔到后院井中，幸得邻家婆婆夺下，故而他又有一个小名叫"婆留"，那口井也被称为"婆留井"，至今仍存。

今天，你走在临安区政府旁边的一条人行道中间，就可以看到这口古井，并不显眼，如果没有人指点，一般外来的游客是不会留意的，更不会驻足观赏了。然而就是这口井，包含着钱王离奇身世的传说。

作为一个民间传说，本也无须认真，问题是在堪称史书的《吴越备史》上也记载了这个故事，并且说得更加有鼻子有眼：

钱王出生前的几年，也就是晚唐大中年间（847—860）早期，浙西一带连年大旱。临安县令请来一个叫东方生的道士，让他作法起龙降雨。东方生说："茅山前池中倒是有一条龙，但不可以起来，起来了天下就会大变。"县令听说要引起天下大乱也就只好作罢。后来，

婆留井

又是一个大旱之年,县令无奈只好再召东方生来作法。这一回,东方生于周遭踏勘一番后,指着钱王的居所说:"池龙已生此家矣!"

而钱王出生的时候,据说他的父亲钱宽碰巧外出了。邻人赶来告诉钱宽,说是听到钱家有甲马兵仗的声音,动静很大,莫非是遭了盗匪?钱宽连忙赶回家,但见"红光满室",像着了火似的。钱宽吓了一跳,进门却见接生婆抱了个婴儿出来,婴儿的面孔黑不溜秋,哭声也十分粗野,感觉就像个小怪物,再看到屋顶上透出的红光,钱宽不由得担心:这孽种肯定不是个好东西,长大了说不准会祸害家族!越想越怕,就想把孩子抛进井里淹死算了。

钱王一出生,便遇到了命悬一线的生死考验,可见其身世之不平凡。而与民间传说相比,《吴越备史》更是增加了召龙祈雨和钱家出异相的情节,暗示着钱王也是真龙下凡。而《吴越备史》的作者就是钱王的孙子钱俨,所以这里面自然包含着神化自己家族历史的成分,也是所谓"君权神授"理论的一次现实图解。

但是这个故事,其实是值得怀疑的:

史载钱王兄弟一共五人,钱镠居长,下面依次为钱𫓧、钱镖、钱铎、钱铧。按照中国的宗法礼教,长子和长孙在一个家族中是具有非常特殊的地位的。作为一个农家的长子,很难想象就因为婴儿时期"貌丑声恶"就要被父亲遗弃,如果是换了后面的孩子倒还有这种可能。再者说了,如果钱镠是因为邻家婆婆的坚决救援下捡回了一条生命,那么,这位邻家婆婆无异对钱镠有再生之恩。钱镠是一个十分重情谊的人,发迹后理所当然会对这位邻家婆婆厚加报答,即便这位邻家婆婆已经过世,也会对她的后人重赏酬谢。但是，我们在史料中却并没有发现任何类似的记载。所以，可以肯定，既不存在钱宽要将钱镠扔井里溺死的故事，也不存在那位好心的邻家婆婆。

那么，"钱婆留"这个小名又是怎么回事呢？

婆倒真有一个婆，只不过不是邻家的婆婆，而是钱镠自己的祖母水丘氏。水丘是一个比较少见的复姓，但值得一提的是，钱镠的祖母和母亲都出自水丘氏家族。当然，像水丘氏与钱氏这种两代联姻现象在中国古代也是颇为常见的，所谓"亲上加亲"。其实，在《吴越备史》里也已经证实，正是祖母水丘氏挽救了钱镠的性命："皇考颇怪之，将弃于井。祖妣知非常人，固不许，因小字曰婆留，而井亦以名焉。"

作为祖母，特别偏爱自己的长孙也在情理之中，幼时的钱镠应该跟祖母感情很深，也很有可能是祖母一手带大的。

传说中，为了防止钱宽再来纠缠，祖母把小孩放在一只大号腰子篮里，用绳子吊到屋后的枯井里严加看守，这样才算把小孩保了下来。

把孩子放在大号腰子篮里，再用绳子吊在枯井里。事实上，这样的作用就相当于把一个孩子放在立桶里，因为临安地处山区，恐有豺狼出没，所以，吊在枯井里恐怕比放在立桶里更加安全。作为一个农家妇女，少不了采桑养蚕干农活，同时又要带孩子，水丘氏就这样把钱镠拉扯大，而"婆留井"的故事其实就是一个老祖母含辛茹苦地养育孙子的感人事迹。

据说，钱王在乡里的时候一直就叫钱婆留，只是在他 24 岁去石镜镇投军时，镇将董昌问他姓名，他才临时用谐音叫钱镠。农村里以小名行世当然也很普遍，但钱镠这个名字却绝不是临时起的，因为在他 24 岁投军的时候，他的几个弟弟都已经出生，并且也都以金字旁取了名字，由此推断，长兄钱镠的名字应当在这之前就已经取了。

钱家虽然只是山村务农的家庭，却历来有"耕读传家"的宗风，在钱氏祠堂里就有这么一副对联：

> 遵先公祖训，克勤克俭；
> 守二字真言，唯读唯耕。

根据《钱氏家乘》的记载，钱镠 7 岁的时候，父亲就请了先生教他念书。所以，钱镠的大名应该是先生根据"留"的谐音而取，而不是钱镠本人在投奔行伍时临时想出来的。

从后来的情况来看，钱镠应该是读过几年书，粗通文墨的。今人有一种印象，以为钱镠是贩私盐出身的一介武夫，胸无点墨的，这其实是大大的误会了。钱镠作诗行文、书法绘画，样样都颇有灵性和天赋，比如他写给夫人的信中有"陌上花开，可缓缓归"之句，意境、格调都在一般文士之上。只不过，由于年轻人性子好动，倾向尚武，所以对学文有些抵触，他曾对人说："吾喜武而厌文。"这也是事实。

关于钱镠的发迹，新旧《五代史》、《吴越备史》、《十国春秋》等典籍均有记载，但大多带些贬义："及壮，无赖，不喜事生业，以贩盐为盗""少拳勇，喜任侠，以解仇报怨为事""壮无赖，不事家人生产"……总之一句话：

长大后的钱镠不愿意循规蹈矩地做农民，不务正业，任侠好勇，最终走上了贩私盐的道路。

其实，这些记载中所谓的"贬义"也只是拿今人观念的字面理解，史书中有关起于民间的开国君主的类似记载几乎比比皆是，比如汉高祖"不事家人生产作业"；项羽少时，"学书不成，去；学剑，又不成"；刘备"不甚乐读书，喜狗马、音乐、美衣服"；等等。欧阳修等人修史时，将钱镠比肩于这些君主，其实倒是成就了一番另类的褒奖。如果钱镠一味循规蹈矩，临安农田里只不过多出一位农夫，而世上也就没有钱王了。

不过，贩私盐在唐朝倒确实是铤而走险的营生。历代以来，盐业都是由国家专营的，它是国库收入的一个重要来源，甚至可以说是国家经济的一个重要命脉。唐朝末年，朝廷为了解决日益严重的财政危机，对食盐的课税一年数增，食盐价格从唐中期的每斗十钱飞涨至每斗三百七十钱，许多老百姓因贫穷而无力购买食盐。官价盐与私盐之间巨大的价格差，使得贩卖私盐的走私活动十分猖獗。

朝廷为了垄断对食盐的营销，下令对贩卖私盐一石以上者格杀勿论。所以，钱镠壮年时以贩私盐为业，其实是将脑袋别在裤腰带上的巨大冒险。

贩私盐其实也是一个古老的营生，《隋唐演义》里的程咬金就是隋朝末年的私盐贩子出身。这位程知节大老爷为李唐天下立下汗马功劳，图像上了凌烟阁功臣榜，没想到他的徒子徒孙们仍然在李唐一朝干着刀口舔血的老行当。

为了对抗追捕，贩私盐者大多拉帮结伙，真刀真枪

钱王祠内五王殿

地武装贩盐。盐贩子们往往将扁担的两头镶上铁，磨成尖矢状，还发明了一种铁搭头杖柱，即在木头搭柱底部镶上一截铁搭头，歇脚时可作架盐担的柱，碰到官兵来剿，又可作为防身的武器。现今的江南农村，人们还在使用这种铁头搭柱。

贩私盐的经历尽管只是钱镠早期的一段插曲，但对钱镠的历练却是相当重要。挑运私盐十分艰苦，常常要躲避官道，绕着弯儿专走那些崎岖山路，肩膀上还压着两三百斤的担子，遇事还要有沉着的应对，这些无论是对人的体能、胆魄还是机智程度，都是极大的考验。作为组织者之一的钱镠，在贩私盐过程中结交了一大帮的英雄豪杰、江湖好汉，这些人很多成为他日后征战中的得力助手。贩私盐的过程就像"猫捉老鼠"的游戏，也可以比作是现代游击战的雏形，必须要有严密的组织、统一的指挥，行军、布阵、转移、偷袭，虚虚实实，进进退退，一系列军事元素的训练无形中提高了钱镠的领导才干和指挥作战的能力。而由于常年的奔波，钱镠对浙江、江苏、安徽一带的地形地貌也了如指掌，这在后来的战争中，使他如有神助，除了当地人天然的"人和"优势外，也总能取得"地利"上的优势。

2

就是这么一个传说中生下来时险些被扔掉的孩子，长大后却彻底改变了杭州的历史地位。

根据记载，唐代的东南大都市，从经济重要性来讲约可分为三等：属于第一等的是扬州，属于第二等的是苏州和越州（今绍兴），杭州还只能算第三等的城市。到了唐末吴越国建都杭州，它才从第三等城市一跃而为东南第一州。王明清在《玉照新志》中这样说："杭州在唐，繁雄不及姑苏、会稽二郡，因钱氏建国始盛。"杭州，正是在吴越时期一跃而起，当之无愧地进入了中国的第一流城市的行列。

我们继续来看这位传奇君王的故事：

16岁开始奔走两浙，贩运私盐；而到了24岁，他却戏剧性地从"官兵捉贼"的游戏中转了个身，成了政府军的一员。

根据唐制，"二十为兵，六十而免，其能骑而射者为越骑"。他以贩私盐的收入，办足了一个义务"越骑"所需的甲仗、粮秣，去了茅山南麓的石镜镇兵营投军。

石镜镇的镇将董昌正好也是临安东天目人，听说钱镠自愿充当义兵，又见他雄赳赳，一表人才，当即保举他做了一员偏将。

从此，我们的英雄开始了他漫长的戎马生涯。

就在石镜镇偏将钱镠在地方上忠实地履行剿贼安民的使命时，远在河南、山东的另外两名盐贩王仙芝、黄巢却拉开了武装对抗的大幕，演变为一场与唐王朝争夺政权的农民起义。

起义迅速席卷神州大地。

起义者振臂一呼，应者云集。

然而，令人诧异的是，曾经的盐贩钱镠却选择了站在昔日同行的对立面，跟政府军一起镇压起义。

唐乾符五年（878），王仙芝的残部在安徽宣州、歙州一带扰乱百姓，钱镠率本镇兵马西进，很快将乱军一一讨平。

第二年，黄巢的数万兵马从江西进军杭州，先头部队逼近临安。唐朝的淮南节度使高骈命董昌率兵抗击，而此时，董昌的兵力有限，双方力量过于悬殊，董昌焦虑地召来钱镠计议。没想到，钱镠却成竹在胸，说道："将在谋不在勇，兵贵精不贵多。愿得兵三百人足矣！"董昌听了将信将疑，就让钱镠在临安乡勇中自行挑选三百勇士前去迎敌。

以三百人对抗数万人，这在军事史上简直堪与斯巴达勇士扼守温泉关相媲美了，而结局却是大相径庭：斯巴达勇士悉数战死沙场，而钱镠的临安乡勇却无一损失。这不能不让人敬佩领军过人的胆略和智慧。

钱镠先是带着二十名弓弩手埋伏在山谷险要处，又差炮手二人伏于敌兵来路，一俟敌人过险，便以放炮为号，二十张强弓硬弩只瞄准敌人的将领一齐发射，其他军士只在一旁四处呐喊，点火放炮。一时间，箭雨如蝗，黄巢的先锋官应声落马殒命，遭到伏击的先行部队乱作一团，又听得四周呐喊不绝，不知这边有多少兵马，于是自相践踏，各自落荒逃命。

钱镠也不追赶，在得胜后迅速转移，并且还虚张声势，告诉道旁的老妪："若有人问你临安兵的消息，你只要据实说临安兵屯八百里就是。"后来的黄巢起义军不知虚实，听说临安兵屯八百里，哪里还敢来犯，只得引兵改道而去。而事实上，"八百里"只是当地的一个地名，黄巢的大军居然被这位年轻的偏将吓退了。

没有人能够解释钱镠为什么果断地站在了唐王朝这一边，有人认为钱镠毕竟读过书，知书达礼，受儒家正统思想的影响，但问题是起义的发起者黄巢也是一个读书人，还是一个不第的举子。在这样的是非面前，恐怕家教的作用更加不可估量。我们有理由相信，钱镠的父亲钱宽和祖母水丘氏应该对他的选择有着深远的影响。这一点，在后来的事件中也得到了印证：

钱镠富贵后衣锦还乡，场面搞得很隆重，老家的山林树木都用锦缎覆盖披挂，临安至今还有"衣锦城"的称呼。家乡父老箪食壶浆，迎于道旁，唯独他的父亲钱宽避而不见。钱镠寻着老父后询问原因，钱宽说："我家世代田渔为事，未尝显达。富贵如坐炉炭，你不可忘了忠孝二字，招来祸祟。"这样的教训给钱镠印象深刻，他后来留下的"家训""遗训"，谆谆教导后人要"孝于家""忠于国"。"子孙若不忠不孝，不仁不义，便是破家灭门。千叮万嘱，慎勿违训。"并且，也是从那时开始，钱镠打定主意以臣子自居，恪守臣节，"子孙善事中国，勿以易姓废事大之礼"，"要度德量力而识时务，如遇真主，宜速归附"。这也为后来赵宋平定北方后，钱氏后人"纳土归宋"设下了既定的轨迹。

人们常说"君子之泽，五世而斩"，一个家族要想持久兴旺确属不易。但钱氏家族却因了这样的家训、家教得以福祉绵延，家运亨通，人才辈出，史不绝书。宋朝一代，钱氏后人共擢进士320人，元明清三朝，钱氏后裔中也是名人层出不穷，直至现代仍然是海内外子孙鼎盛，出了钱学森、钱伟长、钱三强、钱玄同、钱穆、钱正英、钱其琛、钱锺书、钱复等出类拔萃的人物。这跟钱镠重视对子孙后代的教育引导是分不开的。"祖武是绳"，这些家训代代相传，在一个家族中人才如此密集，而分布的领域又相当广泛，这在历史上实属罕见。其中的奥秘，就在于家教家风。

当然了，这些都是后话，我们现在还是回来说钱镠的英雄生涯——

唐僖宗广明元年（880）十二月，为应付"盗贼四起"的局面，杭州一带以"捍卫乡里"的名义，把临安、余杭、於潜、盐官、新城（今富阳新登）、唐山（今临安昌化）、富阳、龙泉（今西湖区一带）八个县的乡兵联合起来，称为"杭州八都兵"，由董昌任都统，钱镠为副。不久，董昌升任杭州刺史兼领八都兵总都统，钱镠则任都知兵马使，负责八都兵的日常军务和直接指挥。"杭州八都兵"的总部就设在今天的松木场一带，从此，这支强大的地方武装就成了钱镠创业征战的骨干班底。

这个时候，钱镠又迎来了一个强劲的对手：刘汉宏。

刘汉宏曾经是王仙芝手下的一员将领，受招安后被封为宿州刺史。因黄巢进犯，唐僖宗从长安出逃，路过宿州，刘汉宏以重金上贡，换取了义胜军节度使的职位，管辖浙东七个州。

唐代的浙江区划以钱塘江为界，分置浙东道和浙西道，两个区域并不相属。浙东道下辖越州、衢州、婺州（今金华）、温州、台州、明州（今浙江宁波）、处州（今浙江丽水）七个州，治所在越州；浙西道领有润州（今江苏镇江）、苏州、常州、杭州、湖州和睦州（今浙江淳安）六个州，中心先是在苏州，后改润州而不是杭州。这也可见，唐朝时杭州仍是一座新兴的城市，其地位还未得到突显。

刘汉宏官越做越大，野心也越来越大。他一方面四处散布"天底下要大乱,卯金刀要做王"这样的舆论,另一方面派他的弟弟屯兵西兴(今杭州滨江),烧渔浦,掠富春,准备渡过钱塘江,吞并整个浙西,拉开反叛的序幕。

强敌压境,董昌命钱镠带杭州八都兵迎战。钱镠审时度势,决定对西兴的刘部实施"先发制人"的攻击。时间被定在中和二年(882)七月十二日这天晚上,八都兵准备渡江袭击,但那天晚上,皎月如昼,江中景象纤毫毕现。这样的气象条件显然不利于发动突然袭击。钱镠抓起沙滩上的一把沙子,暗暗对天祷告:"若天能助我,请起云遮月,护我过江,消灭叛贼。"祝罢,他竟一口将沙子吞进了嘴里。说来也怪,江面上忽然有黑云四聚,把皎月重重遮蔽。八都兵乘机渡江,如神兵天降,将刘部军马打得落花流水。

刘汉宏不甘失败,此后又几度调集兵马侵犯浙西,钱镠对此高度警惕,《资治通鉴》上记载了一个故事,说是钱镠在军中以铜铃为枕,名为"警枕"。这种枕头很特殊,它里面是截镂空的木头,内悬一小铜铃,外面包一层软布。如果外面有什么动静,小铜铃就会发出响声,因而称"警枕"。钱镠在贩私盐时,为了躲避官兵的追捕,曾用过这种枕头,在与刘汉宏打仗时也发挥了作用。

有一次,在一个大雪纷飞的夜晚,八都兵的警戒有所松懈。半夜时分,睡梦中的钱镠突然被警枕惊醒,他赶紧下令让将士们作好准备。刚刚准备停当,刘汉宏手下的大将果然来偷袭冲营,结果当然是被钱镠来了个瓮中捉鳖。

就这样,刘汉宏的进攻每次都被钱镠击退。最狼狈的一次,刘汉宏本人化装成一个杀猪佬,诈死躺在一堆死尸里，才捡得一条性命逃回。

当力量的天平发生改变时，本着除恶务尽的原则，钱镠建议董昌乘胜追击，直捣刘汉宏的越州老巢。董昌既想得到浙东之地，又担心刘汉宏兵多将广，"瘦死的骆驼比马大"，就对钱镠许下诺言："你若攻下越州，我就将杭州让给你。"

光启二年（886）十月，钱镠率众将士向越州进发，开始了讨伐刘汉宏的战争。从初六发兵到十一日攻下越州，仅仅花了五天时间，真可以用势如破竹来形容。刘汉宏兵败被杀，董昌、钱镠以胜利者的姿态昂首阔步，占据两浙。

越州在唐代是浙东的中心，也是两浙最繁华的城市，经济实力远远超过杭州。董昌得了越州后，也不失承诺，把杭州让给了钱镠。

光启三年（887），唐僖宗正式任命钱镠为杭州刺史，这一年钱镠36岁。这是钱镠政治生涯中的一个重要转折，也是杭州城市发展上的一个重要转折。

从此，钱镠开始了对杭州的苦心经营。

3

建都对于一个城市来说，无疑是一次腾飞的机遇。严格地说，杭州在历史上被赋予了两次这样的机遇：一次是吴越国时期，另一次是在200年后的南宋。尽管从城市发展的角度来看，南宋建都杭州的影响远远大于吴越国之定都杭州，然而，如果没有吴越国时期杭州的稳定繁荣，经历"靖康之难"的剧变，宋高宗君臣在风雨飘摇中会将他们的眼光投向杭州这个南方城市吗？从某种意义上说，钱镠担负的使命只是揭开了一场"西湖歌舞几时休"的序幕。

当然了，要揭开这和平繁荣的序幕，要从杭州刺史到吴越国王，钱镠还有漫长的路要走——

消灭刘汉宏后，董昌进驻越州，实际已经控制了浙东全境，而钱镠作为杭州刺史，只是浙西地区（镇海军）属下的一名地方官。当时的镇海军节度使名叫周宝，名门出身，号称"良将"。但就是这位良将，其实却治军无方，引起部下哗变，"良将"也急病而亡。浙西又陷入混乱。也是时势造英雄，钱镠率领他的十三都兵（此时的八都兵已扩充为十三都兵），平定了各地军士的叛乱。朝廷嘉奖钱镠应变之功，让他接替周宝为镇海军节度使，钱镠据有了浙西全境。

两年后，驻守浙东的董昌又不安分了，自称"圣人"，改国号为"大越罗平"，开始叛唐称帝。对董昌这位老上级，钱镠颇为感恩，两人分驻浙东、浙西后，一江之隔，书信频传，礼物互赠，长期保持着友谊。董昌满心以为钱镠会站在自己这一边，但没想到钱镠为人虽重义气，更讲忠诚，他断然拒绝参与叛逆活动，写信给董昌好言相劝："与其闭门作天子，与九族、百姓俱陷涂炭，岂若开门作节度使，终身富贵邪！"但是董昌却听不进去，一意孤行。不久，唐王朝诏令钱镠就近出兵平叛。在大是大非面前，钱镠毫不含糊，挥师向浙东进军。董昌的倒行逆施已经引起天怒人怨，再加上他在军事上原本就倚重钱镠，很快，叛乱被镇压，董昌自觉无颜见钱镠，乃投江自尽。

唐朝廷认为钱镠赤胆忠心，便授予钱镠誓书铁券。

御赐金书铁券（复制品）

所谓誓书铁券是古代朝廷颁赐立有大功者的优惠凭证，拥有铁券者日后即使犯有罪过，可凭铁券得到赦减。为了表示坚久不变，铁铸金书一半存朝廷，一半颁功臣，以为信物。同时，唐朝廷还任命钱镠为镇海、镇东（义胜军已改名镇东军）两军节度使，统辖浙西、浙东两道。他接任后，把镇海军治所从润州迁到了杭州，从此，杭州升格为浙西甚至浙江的中心。至此，钱镠除原来据有的十三个州，再加上家乡临安的衣锦军，共计据有一军十三州，也统称十四州，所谓的"一剑霜寒十四州"就是吴越国的地盘了。据说这是晚唐和尚贯休的诗句，钱镠曾要求贯休把"十四州"改为"四十州"，但和尚却不肯，说："州亦难添，诗亦难改。闲云野鹤，何天不可飞耶？"便跑了。有四十州的欲望，却能安居于十四州，这是钱镠知白守黑的高人之处。

公元 907 年，朱温篡唐建立后梁，历史正式进入五代十国时期。为了拉拢钱镠，朱温封其为吴越国王。本着"民为贵，社稷次之，免动干戈，即所以爱民也"的宗旨，钱镠接受了中原朝廷的封号。钱镠的吴越国在五代十国中是一个较小的国家，但他以独特的思维方式和治国方略，在大国事务中扮演了一个重要的角色，一个负责任的角色，为当时乃至以后的历史树立了一个典范。

整个五代十国时期，中国境内干戈扰攘，四方鼎沸，北方的许多地方屡遭兵燹，一些大城市相继衰落。相对于其他地区的兵燹不断，吴越国王钱镠及其继任者采取了"保境安民"的基本国策。综观这段历史，中原其他地区的经济、文化均因连绵战火而受到破坏和倒退，唯独以杭州为中心的吴越国，在数十年苦心经营下，各方面都取得了显著的成绩。欧阳修说："独钱塘自五代时，知尊中国，效臣顺，及其亡也，顿首请命，不烦干戈。今其民幸富完安乐……"（《有美堂记》）

钱镠的"保境安民"政策乃至后来钱氏的"纳土归宋"一向是受到后世史家高度评价的。作为一位帝王，谁不想纵横四海，"杀人百万，流血千里"，感受一下大地在我脚下，唯我独尊的感觉，然而钱镠的选择要低调得多。这里面自然有实力的因素，但和那些卧薪尝胆者相比，钱镠独特的思维方式却也堪称是古今帝王中绝无仅有的。而这种思维就像血管里的血液，通过遗传甚至也影响了这一方水土和儿女。我们今天指责南宋皇朝偏安一隅，不思进取，"暖风熏得游人醉，直把杭州作汴州"，却没有想到从赵构君臣选择这个钱镠曾经盘桓流连过的杭州作为都城时，这一切似乎都已在冥冥之中决定了。今天杭州的民风中似乎还保留着这种基因，所以，杭州尽管是一片经济繁荣、创业兴盛的热土，却也始终是一个适合享受生活的安逸的城市。很难评判是好是坏，也许这就是所谓的城市的风格。中古时期，一个家族的一项政策，冥冥中决定了一个城市的风格。

在"保境安民"的旗帜下，杭州迎来了它第一次大发展的机遇。

钱氏治杭前后86年，对杭州城垣作了多次的拓展和营建。历来建城模式大多奉行"宇宙制"，即选择一方平地，围上方形城垣，依宇宙星象配置民居市集，城外围以城河。当年杨素主持修筑的老杭州城也不例外，只在江干平地而建，分设四门。而钱镠却不受旧制影响，因地制宜，循着地势高低、曲折蜿蜒，将西湖巧妙地纳入城市，形成了至今盛称的"三面云山一面城"的美妙格局，为后人奠定了千年杭城的基础，也让杭州进入了新的历史阶段：西湖时代。

有一个传说，说是钱镠被封为吴越王时，曾有一位风水先生连夜来敲门，建议吴越王府址最好定在西湖，

钱镠为民生计,决不填筑西湖

第五章 纷乱世道中的陌上花开

如果填湖辟地,钱氏将有国十倍于百年。这一建议的危险性听起来就跟后来蒙古人初进北京时准备将北京城夷为平地建大牧场一样,北京城赖得耶律楚材的苦谏得以保留,西湖则幸亏了钱王的明智。当时钱镠听罢,一笑置之道:"老百姓凭借西湖有水才在这里栖居,无水则无民,怎么能填了西湖呢?"——西湖终于被保住。其实,钱镠的这种选择也是杭州人的典型做派,杭州人做人、做事都不喜欢做绝,喜欢留有余地。作为杭州人的钱镠,骨子里就有着一份雍容大度。倘若当时钱镠为了一己之私,听了风水先生的话,如今的杭州是个没有西湖的杭州,那又将是怎样一种境地!杭州此后的辉煌,特别是因湖而旺、因湖而名的历史,应该感恩于钱王!钱氏得杭州,

杭州古城门旧影

杭州有钱氏,幸甚!幸甚!

　　钱镠是把振兴杭州作为造福两浙的重中之重的,他依照王都格局,发民夫二十万及十三都军士,在杭州建造了里城和外城。里城称"牙城",又叫"子城",大致在凤凰山下,以为国治。后来南宋建都临安时,就是在此基础上扩建成为皇城的。外城称"罗城",南起秦望山麓与六和塔一带,北抵武林门外,西濒西湖,东以菜市河(今东河)为界,整个杭城形成南北修长、东西狭窄的不规则矩形,类似一只腰鼓的形状,时人称为"腰鼓城"。据《吴越备史》记载:钱王筑罗城,"亲劳役徒,因自运一甓",亲自与士卒一起参加筑城的劳役,共同奋战在工程第一线,军民深受鼓舞,"莫不毕力"。

　　建成后的这座腰鼓城设有10座城门、3座水城门,把原先州城外的吴山及湖滨大片土地都划进城里,并从鼓楼一带向北扩展,一直延伸到今昭庆寺、武林门、艮山门、盐桥、菜市桥一带,城垣总长度由三十里扩至七十里，这一城池规模为此后的宋、元、明、清的杭州城奠定了基本格局。千余年来，杭州城屡有发展拓建，然直至今日，从地图上看，腰鼓形状如旧。另外，"杭州十城门"之说也由此开始。虽然现在我们讲的杭州十城门大多是指清时的10座城门，与钱氏当年所筑十城门已大相径庭，然而，10座城门之数却始终未变。可见钱氏家族对杭州城市建设的功绩真是不可磨灭的。

考诸同时期的世界历史，城市文明在中世纪时曾处于停滞甚至倒退的状态，公元10世纪时，连世界著名的最大都市古罗马城的人口也由百万降至20万；曾称霸希腊的雅典沦为法兰克王国的殖民地，城市人口衰减至10万以下；号称"欧洲第二大都市"的巴黎也不过10万人口；而10世纪的伦敦，城市化尚未起步，人口只有区区5000。而在吴越国的杭州，户籍已经首次超出了10万家。奇迹就发生在吴越钱氏治理杭州的数十年间，人口比立国之初增长了5倍以上。据《太平寰宇记》记载：纳土归宋时的吴越国计有"皇朝户主十六万一千六百，客八千八百五十七"，即住户的总数超过了17万家，若以每户五口计，约有85万多人。

钱氏还十分注重兴修水利，保障民生。当时的西湖还是杭州最重要的用于农田灌溉的蓄水池，为了防止西湖淤塞，钱镠专门成立了一支千人规模的"撩浅军"，负责修治和疏浚工作，使蓄泄有时。杭州的老百姓吃水困难，他又专门拨出钱粮，发动老百姓挖井取水。今天杭州还留有"百井坊"一条街巷，据说当年曾有99眼井，均为钱王所开。这个地名也就成了当年广掘水井的一个标志。

吴越国还利用江南水乡田面较低的地势，在河渠两岸的农田周围筑成堤坝，内以围田，外以隔水，称为"圩田"。有的圩田面积达几十里,像大城一样。为了确保这些圩田不受洪水的冲击,使之保产丰收,钱镠又特地分拨一部分军队去屯田,号称"营田军",专门负责修治圩田事宜。

随着农业生产的发展,吴越国的手工业特别是丝织业、瓷器业也很兴盛。根据《吴越备史》的记载,钱镠曾在杭州设立作坊,网罗技艺高超的织绵工300余人,这是记载中杭州官营织造的开始。而那个时候,杭州产的"吴绫"更是远销各地,在敦煌藏经洞内的石碑上还刻有吴绫的记载;吴越国产的秘色瓷则在唐越窑青瓷的基础上,更上一层楼,有超越柴、汝、定窑,开启哥、弟、官窑的美誉。而这两种行业,从此之后也就成了杭州的拳头产业。

今天的读者大多知道宋朝词人柳永柳三变的那首著名的描绘杭州繁荣景象的《望海潮》(东南形胜):"东南形胜,三吴都会,钱塘自古繁华。……市列珠玑,户盈罗绮,竞豪奢。"其实,这种繁盛在吴越国时已露端倪。据记载,当时的杭城"邑屋华丽,盖十余万家","开肆三万室",并逐渐形成南宫北城、前朝后市的城市格局,"东眄巨浸,辚闽粤之舟橹;北倚郭邑,通商旅之宝货"。只是吴越国时没有出一位像柳永那样的大词人,以至我们今天对彼时的印象多少有些朦胧。

4

清晰显现在我们面前的是大量珍贵的五代石刻。今天,我们仍能在烟霞洞和慈云岭等处感受到五代吴越造像之栩栩如生。据记载,五代后晋天福七年(942),吴越国王钱元瓘开始在西湖慈云岭南坡资贤寺右摩崖造弥勒、观音、势至佛龛和"唐僧取经"石龛,所有石像均

第五章 纷乱世道中的陌上花开

保俶塔旧影

为浮雕。杭州现存古代造像,有确切纪年可考的,就始于五代吴越国。从学术的角度来讲,它们是五代吴越国馈贻给我们的最宝贵的文物。而如果要杭州的老百姓来告诉你至今犹存的五代遗物,则他们一定会指着保俶塔给你看,因为这里面还有一个动人的故事:

据说宋太祖统一北方后,召当时的吴越国王钱俶到汴京朝觐。钱俶惧惮宋朝的强大,不敢不去,而去了又怕有性命之虞。有大臣献策,在宝石山上筑塔,号"保俶塔",以示钱氏在江南得人心。后来,宋太祖闻知此事,果然不敢加害钱俶。当然,还有另一个版本,说是钱俶之舅吴延爽为祝福钱俶进京平安,遂在西湖宝石山上建立此塔。

故事的真伪不得而知。保俶塔屹立至今,它始建于北宋开宝元年(968),而现塔是 1933 年重建的。与它相伴的还有三座同为五代时所建的著名的塔:六和塔(这座建于钱塘江边月轮山上的砖木结构的塔,几乎成了杭州的旅游标志,只是很少有人记得它是建于五代吴越时期,据说当时是用来镇钱江潮的)、雷峰塔(这本是国王为庆祝妃子生子而建造的,因为一出人蛇恋的故事和鲁迅先生的一篇文章而扬名四海,只可惜鲁迅先生写那篇文章的时候它就已倒塌了,现在的雷峰塔为2002年重建)、闸口白塔(与前面三座塔相比,它的名声和境遇要差得多,然而它却是现存的最原汁原味的五代石塔了)。

无论是石窟造像还是那些林立的塔,莫不是作为浮屠的载体而被引进中国的。由这些五代吴越的遗迹,我们依稀可见当日佛教之盛。杭州佛教,始于两晋,而盛在吴越。据说,钱镠小时候曾得大病,其母到寺院求神祛病,向佛许愿,日后钱镠发迹一定广建祠宇来报答。后来,钱镠果然发迹,其母便催促他还愿。民间传说,浙江新昌大佛寺就是钱镠在梦中得到母亲告诫,为还愿而兴建的。吴越国时,杭州寺院林立,宝塔遍布,梵音不绝。据史料记载,九溪的理安寺、赤山埠的六通寺、灵峰的灵峰寺、云栖的云栖寺、南高峰的荣国寺、天竺山的法喜寺、紫阳山的宝成寺、月轮山的开化寺,以及海会寺、昭庆寺、清涟寺等,都是吴越钱氏所建。据《五代诗话》转《咸淳临安志》载:"九厢四壁,诸县境中,一王所建,已盈八十八所,合一十四州悉数之,且不能举其目矣。"

吴越时,杭州有据可查的寺院不下二百座,遂有了"东南佛国"之称。

今天杭州最负盛名的寺庙莫过于灵隐寺和净慈寺了。如前文所述,灵隐寺是在东晋咸和元年(326)修建的,然而至五代时,早已颓废倾圮。钱俶于宋太祖建隆元年(960)特邀延寿禅师来杭州主持修复工程,灵隐殿宇遂得重修扩建,因而中兴。净慈寺,则是五代吴越时所建,原名慧日永明院。寺院建成后,钱俶迎请衢州道潜禅师

净慈寺济公殿

来寺居住,后延寿禅师又从灵隐移居净慈,主持净慈寺凡15年,遂使净慈寺也成东南名刹。老百姓对净慈寺印象最深的是这里曾出过一个疯疯癫癫却又智慧非凡的济公和尚,关于他的传说故事有多种版本。其中有一个版本说济公的原型即是五代时一位无名无姓的布袋和尚,这位布袋和尚每天背一只布袋沿街化缘,他的布袋里什么都有,应有尽有,然而他还是乐此不疲地不停向人化缘。终于有一日,布袋和尚圆寂了,寂灭之前他留下几句偈语:"弥勒真弥勒,分身千百亿。时时示时人,时人俱不识。"意思是他系弥勒佛的化身,时时刻刻来教化世人,只是世人却都不知道。这个布袋和尚的形象后来被中国所有的寺院采纳,作为开口便笑、大肚能容的弥勒佛的化身,塑在每座寺庙的第一殿正面,受香客们的第一炷香。

对于前缘因果之事,未敢妄加评说,只是不管是疯疯癫癫的济公也好,还是大肚能容的布袋和尚也罢,其中宗教的指向意味无不是要教化世人,而吴越国统治者们奉佛护法、广度僧尼的潜台词也是请佛门中人广开法门，教化民众，以此巩固统治。如果说向中原朝廷的进贡称臣是"保境"的举措，那么，弘扬佛法则可视为"安民"的一项重要内容。吴越国都城杭州，寺院林立，宝塔遍布，佛教昌盛，杭州的老百姓就在这一片不绝的梵音中滋养着温柔敦厚、慈悲谦让的城市性格。

5

初唐诗人宋之问遭贬谪来到杭州，慕名造访灵隐寺，写下一首《灵隐寺》的诗作，中有著名的一联："楼观沧海日，门对浙江潮。"

若干年后，白居易在洛阳作《忆江南》："江南忆，最忆是杭州。山寺月中寻桂子，郡亭枕上看潮头。何日更重游？"同样也将空幽寂静的山中寺与汹涌澎湃的钱江潮联系在一起。这两组截然不同的意象，在这样一座城市得到了美学意义上的统一。游灵隐寺、观钱江潮，对于初来杭州的游客来说，这两桩事同样地让他们向往。

钱江潮确实堪称天下奇观，自古以来吸引了千百万人前来观赏，骚人墨客不惜纸墨为它吟诵不已。唐刘禹锡的《浪淘沙》说："八月涛声吼地来，头高数丈触山回。须臾却入海门去，卷起沙堆似雪堆。"唐朝的另一位诗人徐凝在《观浙江潮》中写道："浙江悠悠海西绿，惊涛日夜两翻覆。钱塘郭里看潮人，直至白头看不足。"

然而，到了唐末五代初诗人罗隐的笔下，语气却有些凝重起来："怒声汹汹势悠悠，罗刹江边地欲浮。"罗刹，是佛经中恶鬼的通称，罗隐以罗刹江称钱塘江，揭示了这样一个残酷的事实：今天为杭州引来无数美誉的钱塘江在五代吴越之初却是杭州的一大水患！

其实早在两汉时期,钱江潮患已见于史书,因此而有前文所述华信筑塘之说。到了唐代后期,由于杭州人口激增,聚居在西湖东南的平陆地区,而该处成陆不久,地势低洼,海潮冲击严重威胁了杭城居民的安全,也影响了沿江地区的农业生产。看看《读史方舆纪要》上的记载:

> 唐大历八年,大风,潮溢,垫溺无算。
> 咸通二年,潮水复冲击,奔逸入城。
> 光化三年,浙江又溢,坏民居。
> ……

钱镠建国以后,也曾"海飓大作,怒涛掀簸,堤岸冲击殆尽。自秦望山东南十八堡,数千万亩田地,悉成江面,民不堪命"(《武肃王筑塘疏》)。

开平四年(910)八月,钱镠做了一桩也许是他这辈子最豪迈也是吴越国最壮观的事:发动民工20万人于候潮门、通江门外筑捍海石塘,抵御潮水。

这项工程先是在堤岸外侧打大木桩六层,每层中间嵌以装有大石块的竹笼,再用灰沙混合泥土塞紧空隙;又在堤岸内侧,再筑一层石塘。据史书记载,"筑塘以石,自吴越始"。——以前的堤塘都是采用泥土筑成,钱王始用大石块筑塘,并采用双重结构,称为"钱氏捍海塘"。

然而,这回筑塘也不是一帆风顺。由于海潮的不停冲击,大石块一扔下去就被冲走,工程严重受阻。钱镠向天祈祷,同时也向据传死后做了潮神的伍子胥致祷,然而却没有丝毫的效果。于是这位南方军阀终于也发了一回军威。据说他令人采山阴之竹为杆,炼钢火之铁为镞,造箭三千支,在农历八月十八传说中潮神生日这一天,命五百强弩手在江边一字排开，开始用箭射潮。这便是有名的钱王射潮故事。

温柔敦厚、崇佛敬神，道理讲尽、礼数做足，如果还是得不到善意的回报，那就只能奋起而搏，自己争取，一副天不怕、地不怕的样子了。后世杭州人流传的"杭铁头"精神恐怕也正是由此而来。

说来也怪，经他这一射，潮倒真的退了许多，于是民工们加紧筑塘，仅用了2个月工夫，自六和塔至艮山门，长338593丈的坚固捍海长堤宣告筑成。1985年，杭州在修建江城路立交桥时，挖至11米深处，发现了"钱氏捍海塘"的遗迹。六行桅柱整齐排列，每条柱长约6米，直径约13—39厘米。柱后为装满石头的竹笼，竹篾编制痕迹十分清楚，其后是夯土，最后一排又是木柱和竹编笼。其精密坚固，令人叹绝。

钱氏捍海塘遗迹

捍海石塘的筑成几乎可以说是吴越国杭州历史上一件最重要的事：一方面，它保护了杭州城，并使城邑向东南扩展；另外一方面，它还遏制了江潮倒灌，使杭州城内的河渠摆脱潮汐的干扰。由于特殊地理位置的影响，钱塘江早些年还要在夏季让杭州人尝尝"咸潮"之苦，喝到的自来水都是咸咸的。这时候，杭州人便又忆起了他们的老祖宗——钱王。尽管今天杭州的自来水已经用上了千岛湖的湖水，但老杭州不会忘记这段历史：曾经为了抵御咸潮，我们仍在用着老祖宗的法子，也只有这个法子才能使我们从"盐卤之苦"中解脱出来。

于是杭州人纪念钱王，历尽沧桑，钱王祠仍旧屹立在西子湖畔。

评曰：

这段筚路蓝缕、人定胜天的历史，是一个人的创业史，也是一座城市的创业史。大业既成，初心犹在。它是隐忍的，是倔强的，也是不朽的。

大事记：

* 宋太宗太平兴国三年（978），吴越王钱俶正式纳土归宋。
* 宋神宗熙宁四年（1071），苏轼被贬杭州通判。
* 宋哲宗元祐四年（1089），苏轼二度来杭，任知州。
* 宋徽宗宣和二年（1120），方腊起义。
* 宋高宗建炎三年（1129），高宗驻跸杭州。七月，升杭州为临安府。
* 宋高宗绍兴三年（1133），岳飞自江州来朝。高宗手书『精忠岳飞』以赐。
* 宋高宗绍兴十一年十二月二十九日（1142年1月27日），岳飞冤死于风波亭。
* 宋高宗绍兴十二年（1142），高宗亲至临平镇奉迎被金国送回的皇太后及徽宗梓宫。
* 宋高宗绍兴二十年（1150），殿前司后军小校施全刺杀秦桧，未遂被磔。
* 宋高宗绍兴三十二年（1162），高宗禅位，孝宗即位。七月追复岳飞，礼葬栖霞岭。
* 宋恭帝德祐元年（1275），元军大举压境。文天祥入卫临安。元军攻破临安门户独松关，朝野大惧。
* 宋恭帝德祐二年（1276），元军破城，掳恭帝、太后北还，南宋亡。元以临安为两浙大都督府。

第八章 暖风犹记 西湖歌舞

1

这是一则有关西湖的话本小说中讲述的故事：

话说宋徽宗游寿山艮岳而回，饮酒醉卧，忽梦吴越王钱镠来向他讨还吴越国一军十三州江山。徽宗大恐，正满身冷汗醒来，宫中来报韦妃生子，这就是异日的宋高宗了。三日后给婴孩洗浴，徽宗亲临看视，抱在膝上，甚是喜欢，细细端详了一遍，对韦妃道："怎么酷似浙人之脸？"徽宗于是猜想这婴孩乃吴越王转世，但转念想到这孩子已是自己第九个儿子，又做不得皇帝，怎么索得江山？便也放心了。哪知天下之事，稀稀奇奇，古古怪怪，偏生巧于作合，后来遭遇靖康之变，终于叫高宗坐了江山。这宋高宗他原是吴越王转世，偏安一隅之主，所以并不思量去恢复中原。倒是来到杭州，进了吴越王故都王宫就似回了家一般，遂在江头凤凰山故基之上建造宫殿，把西湖山水妆点得蓬莱岛一般，朝欢暮乐。当时有孝宗淳熙年间（1174—1189）士人林升的《题临安邸》诗一首，专讽此事：

山外青山楼外楼，西湖歌舞几时休？

暖风熏得游人醉，直把杭州作汴州。

诗是再熟悉不过的了，话本内容自然是无稽之谈。引用这一承上启下的话本小说只为了引出一段杭州故事，而且这段故事又是杭州历史上最重彩浓墨的一章。

2

后周显德七年（960）正月，殿前都点检赵匡胤发动陈桥兵变，从后周孤儿寡母手中夺取政权，建国号宋。其时，北汉、南唐、后蜀、吴越与新兴的大宋政权并存，唯独吴越国表现出对宋的恭敬姿态。据说这是钱镠临终前制定的"既定方针"，史载钱镠临终遗嘱为："子孙善事中国，勿以易姓废事大之礼。"即不管中原谁坐大，吴越国永远做好小弟。当时的吴越国国王是钱镠的孙子钱弘俶，他听说赵匡胤登基，又不知从何处查到赵氏高祖中有人名字中也有个"弘"字，立即宣布去掉自己名字中的"弘"字，改名钱俶，以避赵氏高祖之讳。两个月后，又遣使进贡御服、锦绫、金帛，贺赵匡胤即位。赵匡胤显然对杭州方面的恭敬态度十分满意，当即授予了钱俶一个大得摸不着头脑的官儿：天下兵马大元帅。

钱俶遵奉祖宗遗训，以"保境安民"，维持自己的统治，"竭十三州之物力，以供大国，务得中朝心"。所以，在宋朝忙于统一中国的征战中，战火一直没有绵延到吴越国这块土地上。事实上，钱俶与宋太祖赵匡胤还建立了相互信任的个人关系。开宝九年（976），钱俶奉诏入朝，宋太祖赐宴于迎春苑，钱俶激动地对宋太祖说："子子孙孙，尽忠尽孝。"宋太祖则拊钱俶背说："誓不杀钱王。"之后，钱俶回到杭州，每上朝临事，都移座于东偏，说："西北者，神京在焉，天威不违颜咫尺，敢宁居乎！"这样扭曲的恭顺实在有些作秀的成分了，然而，

钱王祠外景

他毕竟保全了一军十三州人民免受兵燹之苦。

钱俶与宋朝的"蜜月关系"随着宋太祖的驾崩和太宗赵光义的即位很快宣告结束了。其实这也只是个表面现象,更深层的原因是此时的天下除了北汉刘继元苟延残喘外,均已告平定。赵光义看着吴越国这个"国中之国"自然不大开心,而钱俶自己也意识到太宗待他没有太祖好,心底里的惴惴不安与日俱增。恰巧闽南陈洪进自动献纳土地,钱俶看形势不对,就决定上表,"愿以所部十三州一军八十六县,户五十五万六百八十、兵一十一万五千三十六"献给宋朝。这就是历史上有名的"纳土归宋"。

对杭州人民来说,钱氏的明智举动确实是造福于他们的。然而,钱俶自太平兴国三年(978)纳土归宋以后,就不得回到杭州。作为可以号召吴越国的人物,他的存在对赵光义终是个隐患,因此,在钱俶六十诞辰之际,服御赐果品后当夜而亡,所谓"寿筵才罢又哀筵"——在历史上的皇帝当中,宋太宗最喜欢"玩毒"。

作为对钱氏的一个回报和补偿,宋廷在杭州竖起一座"表忠观",即后来的钱王祠。表忠观内旧有一石碑,碑文《表忠观记》由当时在杭州当通判的苏东坡撰写。苏东坡在碑文中极力称颂钱氏功绩:"吴越地方千里,带甲十万,铸山煮海,象犀珠玉之富甲于天下……其民至于老死不识兵革,四时嬉游,歌鼓之声相闻,至于今不废,其有德于斯民甚厚。"

3

宋朝在中国历史上就军事力量而言,是最软弱的一个朝代,然而,经济文化的发展、物质文明的进步,却是其他朝代望尘莫及的。黄仁宇在《中国大历史》一书中写道:

> 公元960年宋代兴起,中国好像进入了现代,一种物质文化由此展开。货币之流通,较前普及。火药之发明,火焰器之使用,航海用之指南针,天文时钟,鼓风炉,水力纺织机,船只使用不漏水舱壁等,都于宋代出现。在11、12世纪内,中国大城市里的生活程度可以与世界上任何其他城市比较而无逊色。

有史学家甚至认为,两宋时期是中国古代文明的鼎盛时期。

就在这样一段古代文化的鼎盛时期,杭州赢得了它最负盛名的一句赞誉:"上有天堂,下有苏杭。"

我们在前文白居易的章节已经讲到过这句著名的谚

语,这句谚语是在宋朝最终出名的,当然是在自唐至宋较长的时期中经过许许多多人不断地提炼加工才形成的。北宋仁宗嘉祐年间(1056—1063),梅挚知杭州,临行时仁宗皇帝送行诗,首句就说杭州是"地有湖山美,东南第一州"。——宋仁宗的亲生母亲李宸妃,也就是传说中"狸猫换太子"的女主角就是杭州人,所以宋仁宗对杭州有一份特殊的感情。而翰林学士陶谷历仕五代晋、汉、周至宋,他所著的《清异录》中采集了唐、五代时流通的新词汇,说杭州是"百事繁庶,地上天宫",杭州有"天堂"之称便从这里开始。南宋范成大《吴郡志》上,已演变成了"天上天堂,地下苏杭"的民谚。元初奥敦周卿《蟾宫曲·咏西湖》中有"真乃'上有天堂,下有苏杭'"句,所以,"上有天堂,下有苏杭"这句谚语至迟在元初已定型,至今仍然充满活力。

让我们来作一个推断:如果说黄仁宇的断言不假,"在11、12世纪内,中国大城市里的生活程度可以与世界上任何其他城市比较而无逊色",那么,在中国大城市中被誉为"天堂"的杭州,其生活水平更是可想而知了。

自从宋太宗太平兴国三年(978)吴越国钱俶纳土归宋以后,杭州由吴越国国都降为北宋地方政权的治所,辖钱塘、仁和、余杭、临安、富阳、於潜、新城、盐官、昌化9个县,基本与今日杭州所辖范围相类似。经过吴越国70多年的经营,当时的杭州已超过苏州,成为东南第一等大城市(北宋时杭州的户口已超过苏州,徽宗年间已达到20多万户;商税也多于苏州),杭州的农业、商业、手工业等各方面在宋朝更是闻名全国。这几乎是环环相扣的,随着农业生产技术的进步,手工业如丝织业、制瓷业、造船业和印刷业等也相应地发展起来,于是商业经济也迅速得到繁荣。

临安手工捞纸

杭州的丝织业，经晚唐褚载将丝织技术从广陵（今江苏扬州）带来传授给乡人以后更为发展起来。到了北宋，两浙路是全国丝织业的重心，上供丝织品占全国总额的三分之一以上。宋太宗至道元年（995），杭州还设有管理织造事务的机构——织务；至于民间丝织业，"缫车之声，连甍相闻"。

杭州早在唐末就有了刻书的基础，北宋时期，杭州成了全国印刷业四大中心之一。据叶梦得《石林燕语》记载，当时印书"以杭州为上，蜀本次之，福建最下"。北宋监本大半在杭州刻印，到后世，一页宋版书的价格比一两黄金还要贵！

由于印刷业的发达，也带动了造纸业，当时余杭由拳村的黄藤纸、富阳的小井纸和赤亭纸都负盛名。

北宋杭州有余杭窑，余杭余石乡亭市村制造的大瓮即所谓"浙瓮"，名闻全国，且大量输至国外，是北宋对外贸易的主要货物之一。同时，这里的制瓷技术也为南宋官窑在此地的诞生打下了基础。

杭州还是北宋造船业的中心之一，设有造船场，每年承造大量的江海舰船和纲船（即漕运船）。同时，杭州又与广州、泉州、明州（今浙江宁波）并列为北宋对外贸易的四大商港。海外各国客商纷至沓来，大食（阿拉伯）、占城（越南）、麻逸（菲律宾）、高丽、日本，与杭州均有贸易往来。

当然，北宋时期的杭州最值得一提的还是这里出了一位隐士与一位太守。

4

隐士的名字叫林逋。我怀疑这个名字应该是他后来自己改的，因为在汉语词典中，"逋"的本意是"逃亡"，当然也引申为逃亡之人。林逋取这个名字，就是以逃避世人自居。

吴越钱王俶纳土归宋之年，林逋 12 岁。说不上他与这个前朝吴越国有多少政治上的牵扯，所以，他的隐逸并不是作为一种前朝遗民的孤耿，而更多的是陶渊明式的"不汲汲于富贵"。他不求名、不求利，杭州这份山水正好给了他清静修养的场所。我们在前文说过，杭州曾是上古隐士许由和东汉严子陵避世的地方，林逋对自己人格完善的追求接近于这两位先贤，这是一种精神上的独立。杭州人崇尚精神上的独立、人格上的洁净。

林逋的隐居之地就在西湖边的孤山。他在这里吟诗、绘画、读书、写作，几十年如一日，足迹没有踏进城里一步；他采药、采薇、捕鱼、种茶，又在孤山上种松栽竹、植桃莳杏，最主要的还是种梅养鹤。据说他种了 360 多株梅树，一株收入为一日之用。他把30株梅树分为一片，每片之间开一条小沟，以示月令；旁边另有29株梅树，是闰月时备用的。

他喂养的两只鹤取名"鸣皋"，经常与它们形影不离：他散步时，鹤跟在他身后踱步；他与客对坐品茗，鹤就在一旁侍立；当他吟诗抚琴时，它们能应着节奏翩翩起舞。这两只鹤还如解人语，能替他报信。当他外出时，有客来访，家童就放飞仙鹤，林逋见鹤即返舟而归。林逋终身不仕，也终身不娶，所以后世称其为"梅妻鹤子"。

林逋的高风亮节在宋朝初年已经为时人所敬重，拜访他的人从朝廷大臣到高僧羽客，从文坛宿儒到隐者贫士，络绎不绝。大名鼎鼎的范仲淹对他也很推崇，称他是"山中宰相"。宋真宗也闻其名，赏赐了衣物粮食，并派官员岁时慰问。林逋62岁去世，当时的杭州太守李咨亲自带着门人替他守灵七日，仁宗皇帝则赐谥号"和靖先生"，所以，后世多称其为林和靖。

像凡·高等画家喜欢替自己作自画像一样，林逋生前也曾为自己写了一首"墓志铭"式的诗：

湖上青山对结庐，坟前修竹亦萧疏。
茂陵他日求遗稿，犹喜曾无封禅书。

在这首诗中，他用了汉朝司马相如临终遗稿《封禅书》的典故，影射了宋真宗朝，举行"封禅"仪式，粉饰太平的闹剧。在当时，朝野上下多少人同声庆贺，献诗媚上，而他却独自保持节操。我们今天之所以说它是"墓志铭"式的诗篇，是因为林逋正是通过这首诗对自己作了盖棺定论：他一生清白，不随波逐流，正气凛然。

放鹤亭

林和靖的书法、绘画俱称上品，可惜今已不传，但诗作却至今广为流传，最著名的一首是《山园小梅》：

众芳摇落独暄妍，占尽风情向小园。
疏影横斜水清浅，暗香浮动月黄昏。
霜禽欲下先偷眼，粉蝶如知合断魂。
幸有微吟可相狎，不须檀板共金尊。

"疏影横斜水清浅，暗香浮动月黄昏"一联，历来被推崇为咏梅绝唱，至今无出其右。而杭州孤山作为赏梅胜地，也正是始于林和靖。

林和靖隐居在孤山，也开发了孤山。他是孤山景点的开拓者，孤山因他而扬名。今天的孤山仍然保留着放鹤亭、林逋墓等古迹。南宋绍兴十六年（1146），孤山建四圣延祥观，百姓及僧人墓葬均被迁走，唯林逋墓诏令不迁。历代对他的墓茔古迹多加修缮：康熙皇帝南巡，为放鹤亭题字，并仿董其昌字体，录鲍照《舞鹤赋》，勒石亭中。林则徐在杭州任职时又对放鹤亭作了修建，并题楹联一副："世无遗草真能隐；山有名花转不孤。"

杭州人把林逋与白居易、苏东坡并列，建三贤堂四时祭祀。后来，又增加李泌，称为"四贤祠"。

5

太守当然就是大名鼎鼎的苏东坡了。

苏轼在杭州历史上的地位只有唐代的白居易可以跟他媲美，今天的杭州西湖留有两条美丽的堤，一名苏堤，一名白堤，据说就是为了纪念这两位先贤的。我们已经知道，白居易筑的堤其实并非今天的白堤，而苏堤倒真是苏轼发起西湖清淤后，由湖里挖出来的葑泥堆积起来的。

北宋元祐四年（1089），苏东坡以龙图阁学士、左朝奉郎出为杭州知州，见西湖淤塞荒芜，几占湖面之半，积葑约100公顷，干涸时，几至龟裂。他心疼不已，向朝廷上了《杭州乞度牒开西湖状》。于1090年4月28日开工，用工20余万，半年不到便完工。其间，取葑泥筑长堤，架六桥，湖边堤岸遍植杨柳芙蓉，人称"苏堤"。"苏堤春晓"在南宋时已是"西湖十景"之一。湖中建三塔，即今"三潭印月"，亦为"西湖十景"之一。今天的杭州人在苏堤之侧建了座苏东坡纪念馆，太守迎风而立，长驻西湖矣！

苏轼曾先后两次来杭州，总共5年：第一次是在他35岁至38岁时（熙宁四年至七年）来杭州任通判；第二次是在他53岁至55岁时（元祐四年至六年）来杭州任知州（俗称"太守"）。虽说两次都是外放来杭，但

三潭印月

他总觉得在杭州很快乐,初到杭州便写出了下面的诗句:

未成小隐聊中隐,可得长闲胜暂闲。
我本无家更安往,故乡无此好湖山。

杭州像是苏东坡的第二故乡,不只是杭州的山川风物之美,也非只是杭州繁华的街道、宏伟的庙宇,更是在于他对杭州的感情。苏东坡一生中最快乐的日子是在杭州度过的。杭州有南方的轻松愉快,有诗歌,有美女,他们喜欢苏东坡这位名诗人,喜欢他的洒脱恣肆、不拘小节。杭州的美丽赋予苏轼灵感,杭州的魅力浸润他的心神。杭州赢取了苏东坡的心,苏东坡赢取了杭州人的心。"居杭积五岁,自忆本杭人",除了治理西湖、疏浚六井、开浚茅山和盐桥二河以通江湖、设惠民局免费替百姓治病等惠及百姓的政绩外,苏东坡也留给了杭州许多优美的诗篇。五年里他写了 300 多首有关杭州的诗,其中歌咏西湖的就有约 160 首。他的《饮湖上初晴后雨》是传世最广的一首，今天，人们只要一提起杭州西湖，最先冒出来的总还是这首诗：

> 水光潋滟晴方好，山色空蒙雨亦奇。
> 欲把西湖比西子，淡妆浓抹总相宜。

用绝世美女西施（西子）比喻绝世的西湖美景，贴切巧妙，成为千古绝唱。从此，西湖又多了一个"西子湖"的别名。

跟白居易一样，苏东坡也最喜欢游灵隐寺，他曾在诗里明确说"溪山处处皆可庐，最爱灵隐飞来孤"。传说那时苏东坡游灵隐，常常先命他的骑从打着旗号出钱塘门而去，自己则带着一两个老兵，从涌金门下船，泛舟到孤山普安寺，在那里吃午饭，然后和他的骑从会合，一起到灵隐、天竺一带遨游。有时他还会带着文书公案，在冷泉亭据案判决，兴至神来，往往落笔如风，谈笑而办。今天的灵隐"冷泉亭"三个字，据说前两字为白居易所题，最后一个"亭"字为苏东坡补写，可谓珠联璧合。而在灵隐大雄宝殿上还有一副对联：

> 古迹重湖山，历数名贤，最难忘白傅留诗，苏公判牍；
> 胜缘结香火，来游初地，莫虚负荷花十里，桂子三秋。

办公判案结束，苏东坡便与僚属骑从一起畅怀痛饮，直到夕阳西下，才骑马进城回府。杭州的老百姓，总会在这个时候沿途争睹这位贤太守的风采。

苏东坡宴饮会客的地方除了在湖上，就多在吴山。吴山离州治官邸不远，既来去方便，又可登高览胜。当时的吴山上建有一座"有美堂"，是仁宗朝的杭州知州梅挚建造的，名字用的就是仁宗御赐诗里称赞杭

六一泉

州的一联:"地有湖山美,东南第一州。"文坛领袖欧阳修专门写了一篇《有美堂记》,刻石以志。自此之后,吴山之名更著,有美堂也成了北宋的州官士大夫们宴饮的好场所。

苏东坡喜欢到有美堂去,还出自一份他对欧阳修的感情。作为前辈,欧阳修对苏东坡而言亦师亦友,他们还有一位共同的朋友,那就是孤山报恩院的惠勤和尚。欧阳修去世后,苏东坡将孤山的一眼泉水命名为"六一泉",以示对"六一居士"欧阳修的纪念。这口泉在元末兵燹中废毁,苏东坡亲自撰写的铭文刻石也已湮没无闻。1983年,杭州市人民政府重修孤山石亭,六一泉才得以整修和恢复。

说起苏东坡在杭州的朋友,还不得不提一个人——沈括,就是大名鼎鼎的《梦溪笔谈》的作者。

沈括是杭州人,他的《梦溪笔谈》称得上是中国古代的百科全书，里面记载了龙卷风、古生物化石等新奇的事物，甚至还有全世界最早的关于石油的记载，所以在国际上也颇受重视，广为研究，外国人称其为"中国科学与工程史上最多才多艺的人物之一"。但是，沈括与苏轼的交往却并不是令人愉快的。

苏东坡跟沈括是同一年中的进士，拿现在的话说算是老同学，又是在国家图书馆时的同事。苏轼因为反对王安石的新法而外放杭州任通判期间，沈括正好作为钦差奉命巡察地方工作。临走前，皇帝老子特意嘱咐沈括，到了杭州后对苏轼仗义点，多多关照他。沈括答应得很好，到了杭州和苏轼一见面，嘘寒问暖，好一阵哥们儿义气，然后又向苏轼索要他最近的诗文，表示要拜读学习。苏东坡这个人胸无城府，对人毫无防备，而且对自己的诗文也很自恋，就挺高兴地把自己的作品集送给了沈括。

苏轼的政治立场沈括是知道的：苏轼反对王安石的变法中采取的激进的"休克疗法"，属于温和的改良派人士，对王安石的新政措施也老是持批评态度，搞得老王很不自在。沈括想拍上司马屁，于是就想着要整一整这个老同学。他拿着放大镜在苏轼的诗文中捕风捉影，鸡蛋里挑骨头，把他认为是诽谤新政的诗句用红笔一一作了批注，上纲上线，把这个当证据，向中央寄信汇报说苏轼在诗里面诽谤朝政。虽说当时沈括的意见并未受到重视，但却为6年之后的乌台诗案埋下了伏笔。

后来，苏东坡因为乌台诗案而下狱，甚至一度有性命之虞，沈括一定没想到事情会闹得这么大，应该是有些后悔的。苏东坡下狱后，杭州的老百姓大规模地、自发地到寺庙里去为苏东坡做解厄道场，祈求消灾弭难，搞得朝廷都知道了，也对处置苏东坡多了一份顾忌。沈括身在朝中，想到家乡人民的态度，想必也会心生愧疚。

沈括自己后来在官场也混得不好，新党旧党都不待见他，其晚年被开除公职到镇江养老，在那儿修筑了一座梦溪园，过起了半隐居的生活。他较少外出，也较少与人来往，一门心思写作《梦溪笔谈》。也许在创作当中，他的心思倒可以放端正了。

有意思的是，苏东坡恰好又来杭州任知州了。两个地方不算太远，其间，沈括经常跑来杭州找苏轼叙旧，好在苏东坡也不记仇，相逢一笑泯恩仇。在跟苏东坡如沐春风的交往中，沈括的心底会不会泛起一丝内疚？史书没有记载，但我宁可相信他一定有的，毕竟还是一个文人，起码的廉耻和是非，其实在心底都是有的，只是他当面说不出"抱歉"这两个字。

文化人在官场上混，苏轼和沈括就是两种截然不同的典型，苏轼的风骨和气节受人仰慕，但古往今来，又有几个文人能做到？沈括的人品和做法当然有问题，但在利益和压力面前，文人的懦弱本性却或多或少地会有所暴露。

苏东坡待人是不分等级的，所以他说自己上可以陪玉皇大帝，下可以陪街边乞丐。

"钱塘风景古来奇，太守例能诗。"杭州，对于苏东坡来说真是一个温柔多情的地方。

明代陈汝元编了一出《金莲记》的戏，写苏东坡在杭州任通判时，夫人有病，再三催促苏东坡纳妾。后来，作为堂堂一州长官的苏东坡，竟然娶了伎女琴操的妹妹朝云为妾，而充任月老的就是伎女琴操。

朝云和琴操是否是亲姐妹，史无明文，也许是戏曲

苏堤之秋

家之言,但琴操和朝云都是确有其人,并不是陈汝元的杜撰。

据方勺《泊宅编》记载,杭伎琴操善应对,苏东坡非常喜欢她。后来琴操参禅了悟,看破红尘,削发为尼去了。今天杭州临安的玲珑山尚有琴操墓碑的遗迹。

而朝云姓王,钱塘人氏,12岁那年被时任杭州通判的苏东坡选中,收为夫人王闰之的侍婢。东坡特意在昭庆寺附近建造水明楼(后称秦楼),常带夫人和朝云来此游览,观赏西湖美景。后来,苏东坡宦海沉浮,颠沛流离,朝云一直伴随左右。元丰五年(1082),东坡正式纳朝云为妾。据说有一次,苏东坡腆着肚子问身边的人,这肚子里装的是什么。有的人说装的是学问,有的说装的是诗才,唯独朝云回答:"这里面装的是一肚子的不合时宜。"苏东坡听罢哈哈大笑,视朝云为知己。确实,这位杭州女子不仅是苏东坡生活上的伴侣,更是他精神上的知音,苏东坡曾在诗文中不止一次地赞美过朝云。

当然了,苏东坡的太守生涯并不止于生活的诗意和纸上的华丽,对杭州的老百姓来说,疏浚西湖、兴修水利、赈灾济贫、关心民瘼更是他们念念不忘的诗篇。

苏东坡是一个随性洒脱的人,所以他在杭州的施政也是不拘一格的,至今还广为流传的画扇判案故事充分说明了这一点:当他了解到被告——那位经营扇子的后生确系因天气凉快扇子滞销而欠款时,便立即叫那后生拿来 20 把白绢团扇,苏东坡在上面画上竹石花卉,作诗题词。扇子很快被一抢而空,这位后生得以还清了债务。这是为民解忧的一面。苏东坡自己则把治理西湖看成是他一生中的得意之作,离开杭州后还不时提起,而且,后来每到一个地方,只要有湖可治,便按治理西湖的经验,不厌其烦地如法炮制。他后来到过的颍州和惠州都有一个西湖,苏东坡都在那里"复制"了杭州经验,也取得了可喜的成果。天下西湖三十六,因了苏东坡,杭州西湖就成了天下西湖的魁首。他的学生秦观秦少游写诗称赞道:"十里荷花菡萏初,我公所至有西湖。"看来,苏东坡与西湖的缘分真是不浅,所到之处都有西湖。

说起苏东坡在杭州的德政,还不能不说一说他创建的一所医院。杭州地处水陆都会,南来北往之人频繁,疫病传染也比其他地方要多。苏东坡最早注意到了疫病的流行,他派遣官吏带着精通医道的郎中,按照不同的分工范围,分别到各个街坊去给百姓治病,并采取预防措施。元祐五年(1090)三月,官府拨出 2000 缗钱,他自己带头捐出 50 两,再发动富户募捐,终于建成了一座当时称作"病坊"的医疗机构——安乐坊,地点就在今天的众安桥附近。据考证，苏东坡设立的这个"安乐坊"，应该是中国古代最早的公立医院了。

杭州人历来富有同情心，东南佛国在这里生根发芽，从某种意义上说也根植于这种慈悲之心，这在口语里也得到普遍的体现。老杭州的方言中经常说一句话，叫作"罪过啊"，不是责备的意思，而是表示同情的感叹，类似于西方人爱说的"上帝啊"。因为同情心旺盛，所以杭州寺庙里的香火总是特别旺盛；也因为同情心旺盛，杭州人也都表现得乐善好施。苏东坡在关心民瘼的同时也注重弘扬这种人文风气。当时的候潮门外住着一位精通医术的秀才王复。这位王秀才替人治病不计报酬，平生爱好就是种植花花草草，他家园子里种了各色的花果。苏东坡慕名亲临拜访，兴致勃勃地为王秀才的花园题写了"种德亭"的园名，有意表扬这位"名随市人隐，德与佳木长"的穷秀才，并宣扬和推广这种乐于行善、不计名利的风气。后来，到了清朝时有一位姓叶的人，就在候潮门外开设了一家叫"叶种德堂"的药铺，那是胡庆余堂开设之前杭州最大的中药店。

苏东坡与杭州情缘契合，但作为一位朝廷命官，毕竟有任期年限。元祐六年（1091），苏东坡离任，杭州百姓含泪送别。此后杭城家家悬挂他的画像，饮食必祝，又在西湖建祠以祀。

杭州有幸迎来了这样一位贤太守，苏东坡为天堂杭州增添了文化和诗意，杭州因为他的到来，而变得更富情致。

6

说了很多杭州和西湖的诗篇，现在该来说宋词了。

宋朝的时候，杭州出了一位大词人：周邦彦。他是杭州人，曾经当过大晟府乐正，相当于国家音乐学院的院长。

周邦彦的叔父周邠在苏东坡任杭州通判时担任钱塘县令，与苏轼多有酬唱，苏诗中所指的"周长官"即指其人。周邦彦也是少年才俊，但却放荡不羁，史籍中甚至还曝出一段他与宋徽宗、李师师之间三角恋的故事，记载在宋人张端义的《贵耳集》里：

有一天，国家音乐学院院长周邦彦来找李师师喝酒唱曲，两人正在闺房里对饮叙欢，突然有人报告说是皇帝从地道里驾幸了。周院长一听吓得赶紧往床底下钻——床底下的故事从来都是最精彩的——周院长刚刚躲好，宋徽宗就提着一篮江南刚刚进贡来的时鲜水果——橙子走进屋来。李师师巧笑逢迎，亲手用并州出产的水果刀替皇帝剖了橙子来吃。男女调笑打闹，下面的情节不必说了，问题是床底下还躲着一位周院长呀！

周院长躲在床下听得一清二楚。更令人不可思议的是，一般碰到这种情况，女人总会将后来者赶紧打发了，好放前面的人出来，可这李师师不知是出于恶作剧还是想刺激周院长，居然再三挽留宋徽宗：城上已三更，路上少人行，不如不要回去了！害得周院长腰酸脖子痛，醋坛子更是被打烂了一千回，回去填了一首词记录宋徽宗的"不雅视频"。

词是这样写的：

并刀如水，吴盐胜雪，纤手破新橙。锦幄初温，兽烟不断，相对坐调笙。低声问：向谁行宿？城上已三更。马滑霜浓，不如休去，直是少人行。

歌词大意就是床底下看到、听到的那些事。皇帝被李师师留住而彻夜未归，这样的桃色劲爆新闻被周邦彦用一首词揭露了出来。京城里一传十，十传百，这首词很快成了流行歌曲。徽宗皇帝听到这样的"宋朝好声音"才恍然大悟，原来当晚床底下还藏着一个人呢！宋徽宗那个气呀！龙颜大怒，一定要杀了这个周邦彦。最后还是李师师求情，好歹平息了风波。

后世王国维等人考证，说一定没有这么一回事，但是争论归学术界，民间一直都是信以为真的。

周邦彦的词写得好，但对家乡杭州，他却没有写过什么精彩的词作来，不是不想写，实在是"眼前有景道不得，崔颢题诗在上头"——说到写杭州的词，没有一首超得过《望海潮》（东南形胜）：

> 东南形胜，三吴都会，钱塘自古繁华。烟柳画桥，风帘翠幕，参差十万人家。云树绕堤沙，怒涛卷霜雪，天堑无涯。市列珠玑，户盈罗绮，竞豪奢。　重湖叠巘清嘉。有三秋桂子，十里荷花。羌管弄晴，菱歌泛夜，嬉嬉钓叟莲娃。千骑拥高牙，乘醉听箫鼓，吟赏烟霞。异日图将好景，归去凤池夸。

这首词是那个年代一位知名的流浪词人柳永所作。在人们的印象中，宋代词人柳永也是一个非主流的浪子形象，他这一辈子似乎都在秦楼楚馆中依红偎翠地度过，生活过得散漫且糜烂。

其实，写这首词的时候，他的名字还不叫柳永，而叫柳三变。

三变，三变，是变化多端的意思吗？柳三变，这个名字听起来是不是有点怪怪的？

但是，从前的人却不会觉得奇怪，因为《论语》里就有这样的章句："子夏曰：'君子有三变：望之俨然，即之也温，听其言也厉。'"这是说一个人的形象问题。孔子的弟子子夏是这么认为的：君子给人的印象有三种变化：远远望去非常庄重，接近后却感到温和可亲，听他说话又觉得很严厉。

所以，"三变"这个名字跟我们当年的"卫东""建国""超美""援朝"一样，从时代的角度来看，都算是"又红又专"的好名字。

那一年，19岁的柳三变顺利地通过了地方上的考试，在家人和乡亲的热烈庆祝下，跨出了故乡的大门，前往东京汴梁参加进士考试。

在那个交通极为不发达的时代，进京赶考就是一次漫长的旅行。沿途的风景和种种始料未及的磨难，都是对意志和定力的考验。率性的天才少年显然缺乏这样的定力。

19岁的柳三变第一次近距离地看到了这个花花世界。他优哉游哉地坐着客船进了钱塘江，来到了自古繁华的杭州。在这座勾栏瓦肆遍布的城市，他听歌、赏舞、喝酒、填词，流连忘返。在这里，他找到了一份自由撰稿人的工作，而他在填词方面的天赋，也很快让他名声大噪。

我们今天所说的宋词，在当时都是能够歌唱的，其实也就是当时流行歌曲的歌词，而且这类流行歌曲一般都是从勾栏瓦肆里开始流行起来的，所以，宋词是从秦楼楚馆里诞生的也不为过。柳三变精通音律，又擅长写歌词，很快就成了娱乐界的大腕、北宋流行歌坛的天王，当然也是文学界的名流。

以现在的用语来说，柳永在音乐圈里的名气，那就是北宋的周杰伦；在文化圈的名气，那就是北宋的韩寒；而且他又风度翩翩，帅气逼人，颜值一点都不输给谢霆锋。

但是，这位才华横溢的歌坛天王显然不善于理财，那个时候也没有经纪人替他打理，所以，他在杭州晃荡了一年，钱用光了。

那可怎么办？还得进京赶考呢。那时候没有支付宝，也没有校园贷，柳三变就想起了要见一个人。

这个人就是当时杭州的父母官——知州孙何。当年的地方官大多都是才华横溢的文人，孙何就是这么一位文人官员。最关键的是柳爸爸曾与孙何有些渊源关系，大家都是官场中人，所以柳三变决定去拜访一下，顺便解决一下经济问题。

可是知州家的大门不是那么好进的，再说了，去了也得有个由头。柳三变想了想，还是填首词最拿得出手。一念之间，于是就有了杭州历史上最著名的那首《望海潮》（东南形胜）。

据说100多年后，一位野心勃勃的金国君主看到这首词，十分垂涎"三秋桂子，十里荷花"的南宋都城临安（今浙江杭州），竟因此动了渡江南侵，"立马吴山第一峰"的念头，从而又引来一场宋金战争。

传说自然是传说，宋金两国的恩怨又岂是一首词承载得动的。从柳永写这首词到金主完颜亮读到这首词，这100多年间发生了太多的事情，完颜亮的马蹄终于没能踏上吴山的峰顶，而杭州却先落入了一位起义者的手中。

7

起义的是一个叫方腊的漆园主。

后人将此次运动叫作农民起义，其实方腊不是个农民，他的这场"起义"甚至还带有邪教的成分。

如果你手头有一本通胜，不妨拿来看一下：每逢星期天之下，一定见到有"密日"两字。什么是"密日"呢？算命先生也说不清，历来通胜都是这样的，也不知其故。

七天一星期的历法，称七曜历。七曜，即日、月、火、水、木、金、土。过去我们仍有习用日曜日（星期日）、月曜日（星期一）这样的说法，现在的日本仍然在沿用。一般人都以为七曜历是基督教传入中国后流行起来的，其实不然，它是由波斯人创建的摩尼教传入我国的。译摩尼教用的是西域的康居语言，康居语的发音中"日曜"就称作"密"，所以有了"密日"的称谓。

摩尼教传入中国后又称"明教"，据说明朝的朱元璋最先也是明教的信奉者，所以才有了明朝的国号。摩尼教在唐代开始传入，北宋时期流行于浙、闽等地。而利用宗教作为组织起义活动的工具，也是常有的事。方腊就利用这个摩尼教，自称"得天符牒"，并散布民谣："粮食登场官府抢，石塔露水腊为王。"当地群众便日夜企盼石塔露水，奔走相告说"方腊当王"。

这位"命定当王"的方腊是睦州青溪（今杭州淳安）

人,这个地方在古时候民风颇为剽悍,唐高宗年间就曾出过一个起义当女皇帝的陈硕真,并留下了天子基、万年楼等遗址,方腊深受影响,自以为受命在天。

当然了,起义的更深层次社会原因还是宋徽宗的昏庸无道。他的身边围绕着蔡京、童贯等一批奸佞小人,而这些小人投其所好,引诱他走上了一条醉生梦死的道路。宋徽宗天性中对奇花异石、宗教艺术、诗词歌舞等的广泛兴趣也促使他在这条道路上越走越远,很快成了自己兴趣爱好的俘虏。

宋徽宗开始大造宫殿园林,不惜耗费天下资财。为了装饰他那个名为"艮岳"的御花园,下令专门成立了一个机构,叫"应奉局",负责搜刮民间的奇花异石。百姓家中凡有一石一木可供赏玩的,全被指名征用,强取豪夺。结果,演变成灾难性的、遍及全国范围的"花石纲"大劫难。

方腊起义石刻

花石纲的本义是指运送奇花异石的船。当时管成批运送的货物叫"纲",每十艘船编为一纲,于是就称为"花石纲"。应奉局的人员在收集奇花异石的时候,往往假公济私、敲诈勒索,搞得许多百姓倾家荡产。

当时,在江南一带负责应奉局、造作局的是一个叫朱勔的人。睦州青溪一带盛产楮、漆、松、竹,又为商贾辐辏之地,民物繁庶,因而朱勔对这一带的勒索和骚扰也尤为残酷,仅漆一项每年就要索取上千万斤。漆园主方腊一方面是受了宗教蛊惑,另一方面也是因为不堪造作局的"科需"(苛捐杂税),所以就以诛朱勔为名揭竿而起。

宋宣和二年(1120)十月十二日,方腊在陈硕真当年称文佳皇帝的文佳岭北帮源洞举行誓师大会,不数日,就聚起十万起义大军。次月,方腊就自立为王,号圣公,改元永乐,立太子,任丞相,搞得轰轰烈烈。

方腊的大军先后攻占了睦、歙、杭、湖、婺、衢、处七个州,遍及浙江全境和皖南、苏南、江西东北部的广大地区。杭州,在历史上第一次落入了起义者的手中。

宣和三年(1121)正月,宋徽宗任命他最信任的宦官头目童贯为江淮荆浙宣抚使,率十五万大军南下镇压,兵锋直指杭州。

著名的历史小说《水浒传》中就此引出受了招安后的梁山好汉攻打杭州、镇压方腊的故事。浪里白条张顺在涌金门被箭雨射死、行者武松独臂擒方腊、鲁智深在六和塔坐化等等精彩故事都跟杭州挂上了钩,杭州人也都津津乐道。

从历史上讲，宋江等梁山好汉是否参与了镇压方腊的战斗还是存有争议的，而在帮源洞擒住方腊的有说是当时的宋军下级军官、小校韩世忠，也有说是宋朝将领辛兴宗，而据张端义的《贵耳集》载，方腊并没有被擒，"败后不知所终，就擒者非腊也"。

不管怎样，方腊终究是失败了。这一场动荡不仅给杭州带来了破坏，北宋王朝也元气大损，很快就面临金人南下牧马的悲剧了。然而，赵宋的基业从北方被迫移到南方，历史却是又一次垂青了杭州。

8

经历了众所周知的"靖康之变"，如风卷残云般南下牧马的金兵铁骑不仅掳走了北宋最后的两位皇帝：徽宗和钦宗父子，而且按赵姓皇室的谱牒，把皇室中的男女老少悉数俘虏而去，唯独徽宗的第九个儿子康王赵构——也即是话本故事中所谓吴越王转世的那位——正以"天下兵马大元帅"（巧合的是，这个名头也曾赐给过纳土归宋的钱俶）的名义，在河北募兵而漏网。

赵构打小就是个好孩子，读书每天坚持读万把字，射箭可以拉开一石五斗的弓，相当于一个运动健将。据说他还是个大力士，双手可以平举一百多斤的东西再走上几百步，把边上看的人都吓得吐舌头。靖康元年（1126），金兵围城，指定要让一个王子去当人质。宋徽宗有31个儿子，还活着的有25个，没人愿意去，20岁的赵构当时被封为康王，自告奋勇，我不下地狱谁下地狱，就去了。到了金营里，人家正举行射箭比赛，有心想让他出出丑，说小王子，你也来吧。小王子也不胆怯，上去嗖嗖嗖三箭，全中靶心。金国将士都惊呆了：哎哟！我的妈呀！这要是守城的宋军都有这样的箭法，咱们还攻什么城？不都死在他们箭下了？金兵对他刮目相看，但同时也怀疑他是不是真的大宋皇子，功夫这么好，别是来卧底的吧？过了几天，宋朝的一个将领趁着夜色搞突然袭击来劫营，被金兵打退了。金人当然要向人质们兴师问罪，跟赵构一同前去谈判当人质的大臣张邦昌吓得屁滚尿流，唯独康王赵构神色自如，一副大义凛然、不屑一顾的样子。金人更加确信，这个皇子是假的！长在深宫里的"皇二代"哪有遇事这么镇定的！于是，金人决定"退货"，要求换一个皇子去做人质。结果，赵构的五哥抽到了下下签，被派去替换赵构，而赵构则英雄般地回到了开封城，受到军民们的热烈欢迎。他的哥哥钦宗皇帝看他这么神勇，就委任他做了天下兵马大元帅，让他到外地去开展征兵工作。这也正好让他躲过了一劫，成为徽宗31个儿子中唯一没有被金人抓走的一位。

这么一位文武兼备的皇室后裔当然是帝位的不二人选，一班北宋旧臣便拥戴赵构登基，改年号"建炎"，史称南宋。赵构成了南宋第一个皇帝，即宋高宗。

南宋政权建立之初，风雨飘摇，由于金兵尾追不舍，一班君臣终日逃难，颇似流亡政权。建炎三年（1129），被金兵追得团团转的高宗从建康（今江苏南京）抵达杭州，当时的杭州城分为"钱塘""仁和"两县，赵构踏上的就是仁和县的土地。当他听闻县名叫"仁和"，心中大喜，说："此吉兆也！"原来，当年太祖赵匡胤陈桥兵变，就是从仁和门进入汴京，夺取了后周江山的。高宗当即决定驻跸，并升杭州为临安府。还有一个说法，说是杭州的"杭"字，如果拆字重新组合后就会成为金国四王子的名字"兀术"，所以，赵构要避凶趋吉，将杭州改为临安府。不管怎么说，南宋时的杭州，从州升格为了府。

然而，树欲静而风不止。先是在杭州发生了扈从统制苗傅及刘正彦的兵变,逼迫赵构逊位,给了高宗当头一棒。几经周折,拖了近一个月,张浚、韩世忠等人发兵平叛勤王,赵构才勉强复位。这里刚安顿好,接着,金将完颜宗弼(即金兀术)的大军又从安吉直扑过来,战局的进展十分不利,赵构只得带着他的一班臣子仓皇渡过钱塘江,向东逃遁。

当时的钱塘知县朱跸是位忠勇之臣,他并没有跟随赵构一行逃走,而是铭记着守土有责的誓言,率领手下仅有的两千人马抵抗百倍于己的金兵。这实在是一场无比悲壮的战争,一位文官县令跨上了战马,抱着节操,勇敢蹈死。两军在城北激战多时,宋军终因力量太过悬殊,全线溃败。朱跸奋勇拼杀,死命支撑,最后在天竺不幸中箭身亡,成仁而去。

这位县令的事迹感动了全城的百姓,宋军败北、朱跸阵亡的消息传到杭城,城中军民并没有因此惊慌失措,弃城而逃。两名低级军官(尉曹)金胜、祝威被推举出来,担负起领导全城军民抗金的使命。两位足智多谋的军官派人在城北沼泽之间编竹覆泥,伪装成一条大路。金兵善于骑射,渡江以来尚未遭到什么硬仗,因此横冲直撞,肆意恣行——铁骑如飙而至,不意狂奔的马蹄踩在竹篾上后,盔甲沉重的骑兵连人带马陷入泥沼之中,折了不少人马,金兀术大骇,急忙引军退遁,再也不敢掉以轻心。

然而,战争的结局仍是令人遗憾的,杭州并没有因为这样一次漂亮的阻击战而保住。同样是老奸巨猾的金兀术绕道偷袭成功,金胜、祝威战败被俘,在松木场不屈被杀。次年二月,金军退出杭州,纵火焚城三日。杭州初次经历了沦陷与抵抗、血与火的洗礼。这场洗礼为杭州留下了一条路——金祝路,是以金胜、祝威的姓氏合并命名的,就在两位抗金烈士死节的松木场附近,从前还有一座牌楼以表其忠。现在路仍在,绵延千年。从这条路上杭州人慢慢走出了他们的风骨和性格:平时柔弱谦和,一旦奋起,蹈死不顾。后世人总结为"杭铁头"三字。

宋金两国经过一番拉锯战,时局终于稳定下来,赵宋也终于在南方扎下了根。

绍兴元年(1131),高宗诏令浙江转运副使徐康国筹划改建皇宫,以作行在所。

南宋的皇宫是建在杭州一座叫凤凰山的山上的。是不是很奇特啊?历史上哪个朝代的皇宫是建在山上的。这倒不是为了居高临下打仗作的战备,杭州这样的小山也居不了多少高,这样的选址其实体现的倒是赵构节俭爱民的一面:

当时,随着赵构从北方逃到杭州的军民有几十万人,而杭州在当时是一个规模不大的城市,于是,杭州有史以来的第一次"住房紧张问题"呈现出来了。这个时候如果再大兴土木建造皇宫,势必要拆迁大量的民居,造成房地产市场的空前紧张。当时曾有人提出在西溪一带大兴土木营造皇宫的宏大创意,但赵构最终批示"西溪且留下",否定了这个方案。

西溪就暂且留下吧,从这句略带忧伤的话语里,我们可以看出赵构的人生态度。这里面有着对美好生活的幻想和期盼,也有着飘忽于言辞之外的浓郁的不确定性——"临安"是临时的,"留下"也是暂且的,这是主导他人生轨迹的基本范式。"夫天地者,万物之逆旅;光阴者,百代之过客。"而浮生若梦,逝者如斯,皇帝也只是天地间的匆匆寄客。所以,赵构最

凤凰山月岩

终还是选择了凤凰山。

凤凰山原本是一座废弃的荒山，山上栖息着成千上万的乌鸦和各种野鸟，也就是一个大鸟窝。赵构不想跟杭州的老百姓抢地盘，只好跟乌鸦们过不去了。军队被调来赶鸟平地，连太监们都拿起了弹弓射鸟打麻雀，这么搞了将近一个月，"南泥湾"终于建成了，"大鸟窝"就成了南宋的皇宫。

我们今天去北京的故宫参观，什么坤宁宫、太和殿，一个殿接一个殿，气象恢宏，如果能穿越到南宋皇宫去参观一下，你会惊讶得连嘴都合不拢：总共才这么一个殿，朝廷的所有重大活动都在这一个殿里举行，根据每次活动的不同性质，"随事揭名"，更换一下大殿的牌匾，比如：祝寿时就叫紫宸殿；朝贺时则叫大庆殿；祭祖时就叫明堂殿；接见外国使节时，就改挂文德殿的牌匾；选拔、召见状元时，再拿一块集英殿的牌匾挂上……节约吗？赵构刚开始当皇帝时就这么节约。

但节约归节约，经过数年的经营，也终于形成了南起笤帚湾，北至万松岭南，东起中河西岸，西至凤凰山、九华山东麓，方圆九里的皇城，俗称"大内"。绍兴八年（1138），高宗第三次驻跸临安，排除反对意见，最终定都临安。

南宋定都杭州，其原因是多方面的，但主要有两个方面：

一方面，当时宋金战局宋处守势，杭州较之南京地处后方，相对安全；而且这一带水网密集，对以骑兵作战为主的金军施展不利，杭州有杭嘉湖水网这一张天然屏障。

另一方面，杭州号称"东南第一州"，这种相当规模的城市体制和比较雄厚的物质基础，恰恰是作为国都所必需的，更何况杭州以湖山之美闻名天下。

从公元 1138 年正式宣布定都到公元 1276 年蒙古兵攻陷临安，这 138 年间，杭州成了南宋的中心，也成了全中国汉人心目中的中心。

9

宋室南渡，杭州从吴越国以来的"东南第一州"，一跃而成为全国的政治、经济、文化中心，大批北方人口流寓杭州，使杭州人口急剧增加。据《咸淳临安志》记载，其时临安府人口已达 124 万多人，其中府治所在地钱塘、仁和两县的人口达 43 万多人。今天的杭州方言在语言学上独树一帜,被称为"官话"或"南宋官话",据说它是最接近北方话的一种南方方言,其成因就是当年北方人口的大量南徙。

在北方移民中,除了皇室贵族、官宦富绅外,还有大批文人学士和从事农业、商业、手工业、饮食服务业等各种行业的能工巧匠,他们定居杭州,促进了南北文化的交流,也促进了杭州经济文化的发展。据《梦粱录》《武林旧事》《都城纪胜》等典籍记载,临安城内的工商业有414行,各种手工业作坊有22类,生产小商品170多种,其中尤以丝织业、印刷业最为兴盛。

作为杭州传统的丝织业,除了大量的民间作坊外,还有绫绵院等规模较大的官营工场,所产的绫罗绸缎名扬海内外,人称临安为"丝绸之府"。

而杭州的印刷业在北宋年间就一直领先全国,当时全国共有三大刻书中心,杭州排名第一。而到宋仁宗年间,杭州的一位书肆刻工毕昇发明了雕版活字,更是在世界科技史上留下了不朽的一页。所谓的雕版活字,就是在胶泥片上刻字,一字一印,用火烧硬后,便成活字。它具有一字多用、重复使用、印刷多且快、省时省力、节约材料等优点,比整版雕刻经济方便,是印刷技术史上的一次质的飞跃,与指南针、火药、造纸术并称为中国古代四大发明。宋版书在今天因为存世稀少、印刷精美而颇受追捧,藏界甚至有"一页宋版一两金"的说法。南宋时期,杭州的印刷业有官营也有私营,私营的以棚桥睦亲坊南陈宅书籍铺和棚北大街陈解元书籍铺最为有名。这是陈起父子经营的书铺,由于刻印技术高明、纸墨工料上乘,所印书籍被称为"书棚本",为后世藏家所珍爱。

手工业的发展也促进了经济的发达和商业的繁荣。当时的临安城内,沿街皆成市,除了日市外,还有夜市和早市。百色物件,无奇不有,买卖昼夜不绝。当时的同一类商店,大都集中在一处或数处,称为团或行。据《梦粱录》的记载,有花团、青果团、柑子团、鲞团、方梳行、销金行、冠子行、鱼行、蟹行、姜行、北猪行、南猪行、鲜鱼行、布行、鸡鹅行等等,你想一想,连猪肉还分北方来的、南方来的两个行市,可见分工之细、百物之备。

市民的娱乐场所——勾栏瓦肆更是遍布各地,处处笙歌,夜夜醉舞。临安的老百姓也真是富裕:当时一年的铸币量也就是货币发行量,最多的年份达到500万贯,而明朝276年的历史总货币发行量也只有1000万贯。

当时的临安不仅是国内最繁盛的商业都市,而且是主要对外贸易口岸之一,又是远近闻名的旅游胜地,一年四季商贾游客云集,大街小巷店铺林立,驿馆旅舍随处可见。南宋大诗人陆游就是在今孩儿巷的旅舍里,写下了"小楼一夜听春雨,深巷明朝卖杏花"的著名诗句。

蝴蝶梦中家万里,往事越千年。扇动你的鼻翼,依然能嗅到临安城里飘来的梅花香气;竖起你的耳朵,依稀能听到诗人词家一唱三叹的华丽咏叹。蜕变中的蝴蝶,在挣扎中绽放绚烂的羽翼,在迷梦中失去故国的方向。它的精致与脆弱、妩媚与嫣然,带给我们的是怎样的心动!怎样的缅怀!

10

早年杭州市区南北向的骨干道路有三条,其中最长的当属中央的中山路,它南起万松岭路东端,北至文晖路,全长 6000 多米。这条道路的得名顾名思义是与孙中山领导辛亥革命胜利有关，而且全国其他城市也多有相同的路名。然而，杭州的中山路在南宋时还有一段更辉煌的历史，这是其他城市的中山路所望尘莫及的。

杭州的中山路原先很阔，不仅阔步而且阔气。从凤山门至武林门前的中正路段，在南宋时期是杭州最宽的道路，因为它直达宫中，是专供皇帝通行的，所以称"天街"或"御街"，老百姓则呼其为"十里禁街"。据史料记载，御街长达一万三千五百余尺——宋时一尺的长度比今天的一尺略短，由此折算，御街大约长 4000 米左右；宽度没有记载，但杭州御街的设计与修建仿效汴京御街，汴京御街宽约 300 米。

御街分御道、河道、走廊三部分。御道中央专供皇帝通行，旁有官员进出宫中的道路；御道两侧为砖石砌成的河道，河中植莲花，岸上栽桃李，绿树成荫，百花

南宋御街

争艳,"望之如绣";当然这"望之如绣"的其实就是一道绣屏风,因为河道外的走廊类似今天的人行道,是供百姓行走的。河道与走廊之间设枢子,禁人超越。

宋时御街旧铺石板三万五千三百多块,这类石板早几年在清朝红顶商人胡雪岩建宅的元宝街尚能看到,只是石板大小自然无法同当年御街的比。在这些大石板上,皇帝的銮驾隆隆而来。皇帝出行的排场很大,乘坐的"玉辂"像个庞然大物,高一九尺,轮高六―三寸,辐径三十九寸,轴长十五尺三寸,前有六匹青马和铁甲骑卫二百三十二人开道,后有大批官员、内侍、禁卫等随从,还有数千人的仪仗,上万人前呼后拥。不过,皇帝一般蜗居宫中很少出行,御街上忙碌的倒是一班上朝的官员。每天三更天天不亮,穿戴整齐朝服乌纱,坐上轿子,打着灯笼,就往宫中跑。今天的中山路两侧还有特多的小巷,每五步十步必有一条巷子,当年这些巷子是回避官员用的:远远望见对面某位大官的轿子来了——灯笼上自会标明身份——赶紧将自己的小轿避进小巷,让上司的大轿先行。所以,越小的官上朝得起得越早,走得越早,因为一路还得给人让道。中国的封建等级制度就有这么森严,森严到扭曲人性。设想一下,一位一路给人让道的小官其心情是怎样的?屈辱、惶恐、不平,最终是一门心思削尖脑袋往上钻营,想着有朝一日我也要人家给我让让道!人性就这样在官场中泯灭了。

在138年间,这条御街演绎了太多的故事,浓缩了整个南宋朝的历史。让我们慢慢展开它吧!

11

绍兴三年(1133)秋的一天,临安的百姓不约而同地聚拢在这条御街上。当时,临安还未正式定都,御街也尚未最后完工，河道、走廊之类还未划分，所以老百姓还可以近距离地来看一看他们心目中的大英雄。

出来了！出来了！一阵号角之后，宫中出来一队御林军，马蹄震天，好不威风，最前面的御林军校尉还擎着一面锦旗，上书"精忠岳飞"四个大字。

"是岳老爷岳相公！"

"听说这面锦旗上的字还是皇上御笔手书，花纹是皇后亲手绣的呢！"

"啧啧！还有御林军开道！哪位大臣有这么风光过？"

"这是自然的，咱们大宋收复故土、雪耻报仇就全仗岳元帅了！"

"天佑我大宋！天佑我大宋！"

围观的百姓议论纷纷，马上的岳飞踌躇满志。

这位31岁的年轻人出身于河南汤阴县一个农民家庭。8年前，金兵大举犯宋，岳飞投军报国，在行伍中由底层崛起，屡建功勋，他率领的军队几乎是战无不胜，被人们称为"岳家军"，威名远扬。平心而论，此时的宋高宗对岳飞的英勇善战也十分欣赏，所以对他恩宠有加。岳飞现时的官职是神武后军都统制，其成名之早、升迁之快，直令世人刮目。今天杭州还有一处叫"岳家湾"的地名，据说是当年岳飞来朝觐见时，亲军驻屯之地。但武将回朝岂可带许多亲兵驻屯？此说存疑。更有可能，此处是岳飞平反后岳家后人从流放地回到杭州的居住地。

岳飞这位历史上著名的民族英雄果然没有辜负临安父老的期盼：次年，他率军从江州出发，沿长江、汉水西上，三个月内，连克郢州、襄阳、随州、邓州、唐州和信阳等六个州府，使南宋的东南和西北国土连成一片。消息传到临安，京城欢声载道，朝廷再次升迁岳飞为镇宁、崇信军节度使，从而和刘光世、韩世忠、张俊等前辈将领并列。

绍兴十年（1140）七月，岳家军在河南郾城再度与金兵主力会战，给予金军精锐骑兵部队"拐子马"以歼灭性的打击。接着，岳家军又在颍昌、朱仙镇大破金兵，黄河以北的沦陷区人民也纷起响应。此时的岳飞，战功彪炳，已居南宋诸将之冠。面对大好的军事形势，他更是满怀信心地对部下说："直抵黄龙府，与诸君痛饮尔！"

然而，岳飞不知道曾经对他恩宠有加的宋高宗的心理发生了变化。应该说这位皇帝并不是庸懦之君，他只是有两大担忧：一是岳飞他们果真能够彻底打败金军直捣黄龙府，那么他那被金人俘虏了的兄长宋钦宗就有可能被迎回来，到那时，岂不是有人来跟自己抢皇位了？二是诸将功高震主，左一个岳家军，右一个韩家军，万一他们中有人效法"陈桥兵变"，自己岂不也将皇位不保？目前的几次胜仗已使南宋笃定守得住淮河，偏安于一方，如果继续打下去，将促使大将久握重兵，造成尾大不掉的局势。

所以，在前线节节胜利、收复失土在望的时刻，宋高宗与他那臭名昭著的宰相秦桧却命令各路军队"班师"。天街上，急邃的马蹄声骤雨般响起，又旋风般远去，一匹匹快马手持加急金牌从宫中飞驰而出，奔向前线。御街走廊上为生计奔走的百姓会利用息下来擦汗的机会，望一眼远去的快马，心头难免一阵猜测，但谁又能想到，带出的竟会是这样的命令！

这样一道命令既是为了维持宋金对峙现状，保证偏安一方，同时也是考验诸将对朝廷的听命程度。《宋史》上记载，宋高宗在召见大将张俊（这位将领前期也系抗金名将，甚至还是岳飞的上司，但后来却参与陷害岳飞，今天他的铁像跟秦桧等人一起永远地跪在西湖边岳庙里的岳飞墓前，遗臭万年）时，问张俊："曾读《郭子仪传》否？"在回答"未晓"后，高宗借题发挥，以唐朝中兴名将郭子仪为例晓谕诸将："子仪时方多虞，虽总重兵处外，而心尊朝廷。或有诏至，即日就道，无纤介顾望。"

他发出金牌是要看看诸将谁最听话，然而，岳飞却最不"听招呼"，一直到他发出十二道金牌，才肯班师。

绍兴十一年（1141）暮春的一天，岳飞又一次踏上了天街的道路。不过，这一回再也没有了前番的踌躇满志，有的只是满腹的沉重。他与韩世忠、张俊被召回朝后，说是"论功行赏"，韩、张被任命为枢密使，岳飞被任命为枢密副使，明升其官，实则解除了他们的兵权。同时，朝廷任用秦桧等人主持与金和议，不惜屈辱事仇。

这是发生在南宋朝的"杯酒释兵权"，而且事情还没完：同年八月，秦桧指使张俊威胁利诱岳飞部将王贵、王俊等人诬告岳飞谋反，逮捕了岳飞及其子岳云、部将张宪；十一月，南宋与金签订和约，宋向金称臣，并岁贡银二十五万两，绢二十五万匹；十二月，宋高宗、秦桧以"莫须有"的罪名，将岳飞杀害于大理寺狱风波亭内，岳云、张宪也被斩。

绍兴十一年十二月二十九日（1142年1月27日），杭州历史上最黑暗的一天，整部南宋历史因了一位将军的鲜血而变得黯然无光！

据说，岳飞还有个女儿叫银瓶，闻讯后悲愤交集，投井自尽，那口井后被称为"孝女井"，井所在的那条巷便叫了"孝女路"，这个路名于今犹存。

而那座风波亭早已毁圮，其旧址应在今杭州市中心的众安桥一带。众安桥跨清湖河，建造的年代很早，在南宋就已存在。而且，早年杭城内的桥梁拱桥居多，桥面筑石阶，有的还在桥巅建亭子，平的桥面较少，但众安桥是其中一座。御街贯通后，众安桥一带成了闹市。

众安桥西，原有显忠庙。清道光十三年（1833），杭州府司狱吴廷康根据民间传闻认定此处为岳飞遗骸初葬处，遂建庙与墓，称老岳庙，这里的一条马路至今仍被命名为岳王路。据说岳飞的尸骸当年是由一名叫隗顺的狱卒冒着风险偷出来，葬于钱塘门外九曲丛祠旁（今昭庆寺青少年宫附近）。为防日后无法寻找葬所，隗顺将岳飞狱中所戴枷锁上的封皮装进铅桶，埋入墓中，并陪殉玉杯一只，墓前植橘树两棵，立"贾宜人"墓碑一方。

绍兴二十年（1150）正月，岳飞冤死后的第八年，众安桥又上演了悲壮的一幕：

这一天，当朝权相秦桧下了朝从御街打道回府，途经众安桥（一说望仙桥），桥下突然跃起一名刺客，挥刀直往秦桧的轿子劈来。这突如其来的袭击令轿子中的秦桧吓得面无人色。他的侍卫抽刀而上，急忙阻拦，那名刺客砍伤数名侍卫，但终因势单力薄，刀断轿子一柱而未能伤着秦桧，反被侍卫拘拿。

岳庙

　　刺客被逮送大理寺后,查明是殿前司后军小校施全。他因愤秦桧误国,遂立行刺国贼的决心。据说秦桧曾亲自提审施全,说:"你莫是心风(指精神病)否?"施全愤然回答:"我不是心风!举天下都要杀番人(指金人),你独不肯杀番人,我便要杀你!"施全后来被磔死于市。杭人感其义,都说他是在为岳老爷报仇,遂在施全行刺的桥头立庙礼奉,叫施公庙,又称施将军庙。另外还有迷信的人说施全死后玉帝感其忠义,封其为杭州土地公。登宝石山,路侧有一废圮土地庙,据说供奉的就是施全。

　　施全死后,杭州人更加燃起对奸相秦桧的仇恨。传说有一年,秦桧去灵隐寺烧香,竟然被寺内一位疯僧拿扫帚扫地出门。这位疯僧的形象后来被演绎为济公活佛,杭州的灵隐寺、净慈寺也因为这位"鞋儿破、帽儿破"的济公而增添了传奇色彩。看来,杭州人疾恶如仇、不畏强梁的"杭铁头"精神,真的是由来已久的,连方外的僧侣都被染上了斗争的气质。

　　秦桧也终于垮台了。

因金主完颜亮动了"立马吴山第一峰"的野心，大举南侵，宋高宗的主和路线彻底破裂，绍兴三十二年（1162），高宗宣布退位，孝宗即位。孝宗尽逐秦桧党人，起用抗战派张浚为枢密使，主持北伐，并于当年七月追诏复岳飞原职，以礼改葬于栖霞岭下，即今岳坟。孝宗还召见了岳飞之子岳霖，抚其背说："卿家冤枉，朕悉知之！"从此，杭州人开始名正言顺地大规模祭祀岳飞。直至今日，全国岳飞研究会每年都要在杭州岳庙举行活动。岳飞也成了杭州的另一张名片，他给这座城市增添了一份阳刚气、英雄气。

12

整部南宋的历史，多少人怀着希望和失望、喜悦和悲情、得意和失意在这条御街上走过。辛弃疾代表河北义军归顺朝廷，在这里接受过册封，他的著名的《美芹十论》从这里捧到了皇帝的案桌前；欲建盖世之功的南宋重臣韩侂胄草草对金用兵，赢得仓皇北顾，回朝后被主和派杀死，他的头颅被匣子盛着从这条御街出发送到了金国；21岁的文天祥中状元，头戴簪花在临安城里骑马游街，接受万民欢呼，也是在这条御街上……

当然，御街所目击的不仅仅是战争和阴谋的主题，就像这座城市，有那么阳刚的一面，但更多的其实是阴柔与平和。

宋宁宗嘉定十六年（1223），一名僧人踏上了御街，而且还是一名异国的僧人。

僧人的僧名叫道元，来自跟南宋朝一海之隔的东瀛日本。他是到余杭径山寺从天童长翁如净禅师学习佛法来的。

径山寺，位于余杭长乐径山，距离杭州中心区仅70公里。这里有五峰环抱，古树参天。径山寺于唐代宗时由法钦法师所创建，后几经兴废，于唐懿宗咸通三年（862）由无上禅师鉴宗重建。唐僖宗乾符六年（879）赐名乾符镇国院。宋真宗大中祥符元年（1008）改赐承天禅院。宋徽宗政和七年（1117）赐名径山能仁禅寺。宋室南渡后，宋孝宗崇尚佛教，多次亲临寺院进香，游径山寺后，御书"径山兴圣万寿禅寺"赐之。径山寺，在嘉定年间（1208—1224）被评为"五山十刹"之首，历代高僧大德辈出。早在绍兴七年（1137），余杭径山寺由僧大慧宗杲住持，创"径山派"，弟子1700余人。此后，又有大禅了明、密庵咸杰、利翁如琰、蒙庵元聪等大德高僧大兴禅宗，僧众云集，常达1000多人，当时日本僧人入宋必到此参学。除道元之外，日本佛学界名僧圆尔辨圆、南浦绍明等10余人，先后到径山寺研究佛学，而就是这位道元僧，回到日本后创立了曹洞宗，成为日本最大的佛教宗派曹洞宗的始祖。今天的日本曹洞宗信徒还经常到径山寺来寻根。

径山寺确实值得日本人来寻根，因为它带给日本人的还不仅仅是一个教派——那是七百多年前一个寻常的秋天，一位来自日本、名叫圆尔辨圆的禅师即将学成归国。他攀上径山凌霄峰，将山上一棵最古老的茶树结下的最饱满的茶籽，小心翼翼地用干莲叶包好了，揣入怀中。这粒来自径山的茶籽，就要在异国的土地上生根发芽。

几个月海上星辰晦明的浮沉，几个月陆路翻山越岭的跋涉，圆尔辨圆终于在自己的家乡——日本静冈县，为这些茶籽找到了一片最合适的生长土壤。从一粒茶籽，到一棵茶树，生死全凭天意，而径山就是这粒茶籽前世的旧梦。

另一位叫南浦绍明的日本僧人则在宋朝前后九年，一边参禅，一边学习径山等寺院的茶礼。回国前，他得到了一套台子式末茶道具的赠礼。绍明将茶道具连同七部中国茶典带回了日本，一边传禅，一边传播禅院茶礼。晚年他移居京都，又在京都传播茶礼，将径山的茶宴仪式等引入日本，日本遂有所谓的"茶道"。

而与此同时，径山寺的高僧普宁、祖光、楚俊等也先后被邀赴日本传经弘法。

13

从宋度宗咸淳元年（1265）到宋恭帝德祐元年（1275）的十年间，御街上最不可一世的一顶大官轿是权相贾似道乘坐的。贾似道只手遮天，气焰之盛不禁使人想起了当年的秦桧，而贾某人的荒淫无道，较之秦桧也有过之而无不及。

贾似道是个混混儿，一直到他混不下去之前，他都混得很好，这从他的履历就可以看出：

文凭基本没有，状似市井无赖。26岁通过一场专门为他设置的"考试"，并且受到皇帝的接见，顺利地打开了做官的道路；30多岁成为封疆大吏；42岁进入执政班子。

这样的发迹轨道当然不是一般人所能想象的，因为他有强大的政治背景，这个背景就是他的姐姐、宋理宗的贾贵妃。他就是靠着这么一条裙带关系，鸡犬升天，成了南宋朝廷一人之下、万人之上的权臣。

今天的杭州湖墅北路南有一长320米、宽4米的巷子，相传贾似道曾居于此，故名贾家弄。后来，宋度宗又赐第西湖葛岭。葛岭本是以东晋葛洪炼丹而闻名之处，现在盖起了贾似道奢华无比的宰相府，前挹孤山，后据葛岭，两桥映带，一水横穿。宅内又飞楼层台，凉亭燠馆，华邃精妙，贾犹嫌不足，添建红梅阁与半闲堂，取宫人及娼尼有美色者为妾，不仅把临安城里出名的青楼名妓和演员明星都召回家去，而且对于拥有美色的尼姑有着特殊的兴趣。就这样日夜淫乐，玩起金屋藏娇的把戏。

贾似道从少年起就有两大嗜好，除了好色之外，就是好赌。他的赌博，是斗鸡走马样样都会，其中特别爱好的，就是斗蟋蟀。蟋蟀又名促织，贾似道写过世界上第一部研究蟋蟀的专著，叫《促织经》，可见已经玩出精来了。有时候，遇到紧急公事，他的部下在办公室里找不到他，一直找到他家里去，常常看到老贾正和一群美女姬妾趴在地上斗蟋蟀。有一位狎客倒也胆大，抚其背戏谑道："这是平章军国重事吗？"贾似道笑而不答，还沾沾自喜。于是，"朝中无宰相，湖上有平章"之说，不胫而走。

红梅阁

确实，贾似道喜欢带着一帮人于上班时间畅游西湖，夜以继日。宋理宗有时候深夜在御花园凭栏眺望，发现西湖上波光、灯光两相辉映，弦歌之声不绝于耳，就对左右说："这一定是贾似道在游湖。"第二天一问，果然不错。

这是一个春光明媚的晴天，几抹熏风，吹走了寒冷的隆冬，迎来了温煦的初春。贾似道又带着他的美女姬妾们乘上兰舟画舫，徜徉在西湖上。一只游船从他们的画舫边经过，游船上坐着一位玉树临风的书生，贾似道的一位姬妾看到帅哥美男，禁不住称赞了一句："美哉，少年！"贾似道听到就吃醋了，认为这是对自己的精神出轨，于是，他冷冷地说："你愿意嫁他，我成全你。"令该姬妾退入内室"梳妆"。不多时，侍从捧了方盒，贾唤诸姬妾上前观看，盒内装的竟是刚才那位姬妾的头颅，鲜血淋漓，惨不忍睹。这段最血腥、最无人性的西湖故事记载于《钱塘遗事》等书里，后来的各种以《红梅记》或者是《李慧娘》为题的戏剧里，也多有表现。在戏文里，贾似道以一个大白脸的奸臣扮相出现，而他后来的表现也确实证明了这个混混是断送了南宋江山的第一奸臣。

贾似道私生活荒淫残暴，在朝堂上也飞扬跋扈。他利用继任的度宗昏庸无能，多次以辞位相要挟，甚至逼得度宗涕泣留之。他上朝被特许不用跪拜，退朝时度宗"必起趋席"，目送他走出殿廷方始坐下。他还被允许十日一朝。御街上，贾似道的轿子一出现，官民避之，犹避恶魔。其母死时，贾似道竟以天子仪仗葬之，百官均被拉来协办丧事，立大雨中，终日无敢易位者。

然而，南宋君臣的美好时光终于还是被蒙古人的铁蹄惊破。

开庆元年（1259），蒙古大军大举进犯南宋，包围鄂州也就是今天的湖北武昌，大有顺江东下、消灭南宋之势。贾似道已经当了多年南宋最高的军事长官，却不知道打仗是个什么样子。他来到前线，一听到蒙古人凄厉的号角，就吓得心惊胆战。他向部下下达军令，可是他不懂业务，部下看不懂，双方都很着急。而前线的军官们当然也看不起外行的长官，有一位叫高达的猛将每次出兵，望见贾似道戴着高帽子骑马督战，他都要嘲讽地笑着对手下的军士讲："戴着高帽子不可一世，其实有什么用哦！"

贾似道也觉得自己没用，但打仗不行，议和可以呀！于是，贾似道派人去蒙古军营秘密请求议和。然后，还假报战功，说蒙古军是自己打退的，捷报中把作战经过写得天花乱坠，称之为"鄂州大捷"。

当时的南宋军民天天盼着前方胜利的消息，都快盼疯了，忽然听到这个喜讯，顿时"喜大普奔"，大家开始热情讴歌贾似道，称之为师相，比之为周公，反正是挽救了南宋的古往今来第一伟人了。贾混混回京后发现自己的人气指数飙升，也很受用，决定将这骗局进行到底。

后来，消息实在瞒不住了，大家却都还寄希望于贾似道。因为长期以来，在贾似道操控的舆论工具吹捧之下，他已经被说成了"军事天才""国之梁柱"，大家一致要求"贾英雄"再度出山，再来一个鄂州大捷。贾似道当然知道自己不能再上前线去，于是，耍起了流氓无赖的本领，宣布自己要辞职。国之栋梁要辞职，那可怎么行呢！举朝挽留，甚至连宋度宗也都向贾似道下拜了。

贾似道想了很多办法推脱责任，到实在无法再推时，他才装腔作势地挂帅出征，抽调各路精兵一共13万人,去迎战元军。结果当然是把南宋皇朝的最后一点血本输得干干净净,使本已积弱积贫的南宋皇朝更加不可收拾。

此时,元朝已经灭了金国,挥师犯宋,势如破竹。终于,在宋恭帝德祐二年(1276)三月十二日,杭州结束了作为南宋都城的历史。

14

德祐二年(1276)正月,御街上空无一人,寥落得令人感伤。而城外,三路元军铁骑已逼近杭州,他们的总部设在皋亭山(今杭州东北郊,俗称半山),统帅是元朝的丞相伯颜。

十八日,宋恭帝和太皇太后赵氏派遣临安知府贾余庆等人奉传国玺及降表至皋亭山,向伯颜请降。由于降表中作书宋年号,且没有称臣,伯颜要求重写,并约宋丞相陈宜中到元营面议降事。因陈宜中已宵遁回乡,宋廷只好任命文天祥为右丞相兼枢密使,代替陈宜中出使元营。文天祥在谈判中被伯颜强硬扣下,押解北上。此时,连谈判也轮不到了。

次日,伯颜分遣董文炳、吕文焕、范文虎等人轻骑至临安北关巡视,安抚城内外军民。又下令"禁军士入城,违者以军法从事"。还遣吕文焕持黄榜进城谕临安军民"安堵如故",所以很快维持好了临安城内外的秩序。

三月二日,伯颜由湖墅入临安城视察,建大将旗鼓,率左右翼万户巡城,又观潮于浙江——说来也是天亡南宋:不了解南方天文地理情况的蒙古人,曾经在宽阔的钱塘江滩涂上安营扎寨,南宋军民暗暗欣喜,满心期望潮神伍子胥的"神兵"将蒙古铁骑卷去江中喂鱼虾,但年年有信的钱江潮,偏偏那一年却不来!

按照忽必烈的旨意,伯颜在万松岭驻地召集诸将,布置了带宋君臣北返的行动。

三月十二日晚,元军将宋幼主恭帝、太后全氏及其他宫人、学士等带出城外,在北新桥上船。次日,船队在元军的监护下启程,水陆兼行,缓缓北去。杭州百姓终于目睹了靖康一幕在他们自己这座城市重演。

这一幕,在岳飞父子冤死在风波亭的那一天,在士子林升悲愤地咏出"直把杭州作汴州"的那一天,就已经是注定了的。

评曰:

华夏民族之文化,历数千载之演进,造极于赵宋之世。而对于杭州来说,还原一个真实的南宋,也就是还原一个城市真实的命脉和内涵。在安逸闲适的表象下,它更有经世致用、精致和谐、共建共享、精忠报国的内力凝聚。在南宋一百多年里,这座城市真正走向了世界舞台,对东亚"儒学文化圈"和世界文明进程之影响,至今不容低估。而对杭州城市性的一个最佳定论,也就是所谓的"南宋遗风",也正是完备于此际。

大事记：

*元世祖至元十四年（1277），改宋行在为杭州。是年，南宋皇宫因民居失火延及而焚烧殆尽，临安王气不再。

*元世祖至元十年（1275）意大利人马可·波罗到达大都（今北京）。后任枢密副使，在任凡三年，时时往杭州采风问俗。

*元世祖至元二十一年（1284），江淮行省省治自扬州移至杭州，江淮行省改称江浙行省。江南释教都总统杨琏真加盗发宋陵。

*元顺帝至正十九年（1359），张士诚命其弟张士信重筑杭州城。

第七章 落日余晖下的惊鸿一瞥

1

离开吴州,走三日,途经许多人口众多和富裕的市镇、城堡与村落,居民们丰衣足食。第三日晚上便到达了雄伟富丽的京师(即杭州)城,这个名称就是"天城"的意思。这座城的庄严和秀丽,的确是世界其它城市所无法比拟的,而且城内处处景色秀丽,让人疑为人间天堂。

这段文字摘自著名的《马可·波罗游记》。这位商人的儿子出生于13世纪的威尼斯。在父亲和叔父的带领下,他们从遥远的威尼斯来到东方,晋谒元朝的统治者忽必烈大汗,并且在中国待了十多年。据马可·波罗自称,他在元朝官至枢密副使,相当于国防部副部长,不过,在中国的典籍中却没有这样的记载,所以,欧美有人也曾怀疑马可·波罗所言的真实性,甚至把他的名字等同于随口撒谎说大话的同义词。但我们今天再来读《马可·波罗游记》,就可以发现,除了个别地方有夸大之词外,书中大部分的描写还是真实可信的:比如他说杭州的西湖中有两座岛,每座岛上都有一富丽而讲究的建筑。他没有说错,元代的西湖确实只有两个岛,西湖的第三个小岛阮公墩是清朝才有的。从这些细节可以看出，他应该是真的来过中国、来过杭州的。

不过，《马可·波罗游记》的作者其实并不是马可·波罗本人——

根据马可·波罗自己的说法，1291年他因思乡心切，弃官而去，辗转回到了久违的意大利威尼斯故乡。而当马可·波罗回家不久后，他的家乡威尼斯与热那亚两个城市因为商业冲突而爆发了战争，马可·波罗被俘，关进了热那亚的监狱。在狱中，他结识了一位叫鲁思梯谦的狱友。鲁思梯谦曾经写过小说，并精通法语。为了熬过漫长的狱中岁月，马可·波罗向这位难友讲了许多他在东方的见闻，鲁思梯谦将这些口述，用当时在欧洲流行的法兰西语记录下来，写在羊皮纸上，这就是《马可·波罗游记》，时值公元1298年。这时在中国则处于元成宗铁穆耳年间，马可·波罗在书中记述的那位令世界震悚的"众王之王"——忽必烈大汗，已去世4年。

马可·波罗在书中记述了他在中国许多城市的游历，从和阗（今新疆和田）、沙州（今甘肃敦煌）、哈密到成都、济南、淮安、苏州、南京，而备受他赞美的还是杭州。这座刚刚灭亡的南宋朝的京城，在马可·波罗的眼里是"世界上最美丽华贵之天城"。

元世祖忽必烈至元二十一年（1284），江淮行省治所由扬州迁至杭州，江淮行省改称江浙行省。据说，马可·波罗这位外国人被忽必烈任命为枢密副使，在任上三年，时时往杭州采风问俗，对于这里的一切事情，都详细地进行了考察，并且一一记录下来，所以他的叙述正好向我们展示了一幅生动的元朝时期杭州生活的风情画。

京杭运河是马可·波罗笔下一景

马可·波罗是这样记述杭州的：

这座城方圆约有一百英里，它的街道和运河都十分宽敞，还有许多广场或集市，因为时常赶集的人数众多，所以占据了极宽敞的地方。……城内除了陆上交通外，还有各种水上通道，可以到达城市各处。所有的运河与街道都很宽阔，所以运载居民必需品的船只与车辆，都能很方便地来往穿梭。

据说，该城中各种大小桥梁的数目达一万二千座。那些架在大运河上，用来连接各大街道的桥梁的桥拱都建得很高，建筑精巧，竖着桅杆的船可以在桥拱下顺利通过。同时，马车可以在桥上畅通无阻……

……

城内除掉各街道上密密麻麻的店铺外，还有十个大广场或市场，这些广场每边都长达半英里。……每个市场在一星期的三天中，都有四五万人来赶集。所有你能想到的商品，在市场上都有销售。

……

在其它街上有许多红灯区。妓女的人数，简直令人不便启齿。不仅靠近方形市场的地方为她们的麇集之所，而且在城中各处都有她们的寄住之地。她们的住宅布置得十分华丽，她们打扮得花枝招展，香气袭人，并有许多女仆随侍左右。

……

这个城市的居民是偶像崇拜者，通用纸币。男子与妇女一样，容貌清秀，风度翩翩。因为本地出产大宗的绸缎，加上商人从外省运来的绸缎，所以居民平日也穿着绸缎衣服。

……

居民的住宅雕梁画柱，建筑华丽。由于居民喜好这种装饰，所以花在绘画和雕刻上的钱数十分可观。

京师本地的居民性情平和。由于从前的君主都不好战，风气所致，于是就养成他们恬静闲适的民风。……

……

在我所说的湖的周围有许多宽敞美丽的住宅，这都是达官贵人的寓所。还有许多庙宇及寺院，寺中住

一座城市的精神传记　HANG ZHOU

第七章 落日余晖下的惊鸿一瞥

宝石山上望杭城夜景

着许多僧侣,他们都十分虔诚可敬。靠近湖心处有两个岛,每个岛上都有一座美丽华贵的建筑物,里面分成无数的房子与独立的亭子。当本城的居民举行婚礼或其它豪华的宴会时,就来到这两座岛上。……

除此之外,湖中还有大量的供游览的游船或画舫,这些船长约十五至二十步,可坐十人、十五人或二十人。船底宽阔平坦,所以航行时不至于左右摇晃。所有喜欢泛舟行乐的人,或是携带自己的家眷,或是呼朋唤友,雇一条画舫,荡漾水面。……

……

……京师的一切街道都是用石头和砖块铺成的。从这里通往蛮子省的所有主要大路,也全都如此,所以,旅客行走各处,不会被污泥弄脏双脚。但是大汗的驿卒如要策马疾驰,就不能走石路,因此道路的一边是不铺石头的。

城内大街用石头和砖块铺砌,每边十步宽,中间铺着沙子,并建有拱形的阴沟,以便将雨水泄入邻近的运河之中,所以街道保持得十分干净。街车就在这种街道上往来驰骋。这种车子是长方形的,顶上有盖,四周挂有绸幔,并且配有绸制的坐垫,能容六人乘坐。那些喜欢游乐的男女常常雇它代步。因此,时常有大批的车子在街道上经过。……

……

离城二十五英里的东北方就是大海,这里有一个极好的港湾,是从印度输运商品的船只的停泊之所。

马可·波罗在京师的时候，正好碰上大汗的钦差在这里听取该城的税收和居民数目的报告，因此有机会了解杭州的人口数目。当时上报的有一百六十个托曼（Toman）的炉灶，所谓炉灶就是指住在同一间屋子里的家庭，一个托曼就是一万，所以全城有一百六十万户人家。

他还讲到杭州有三千家浴室，这里的人们喜欢沐浴，一个月内要洗好几次浴。这一点似乎跟古罗马有些相似，其实也都从侧面印证了一个城市和市民的文明程度。"这些浴室称得上是世界上最好、最大的浴室，大的可以容纳百人同时沐浴。"

2

我们之所以在这里不厌其烦地引用马可·波罗的游记，实在是因为再也没有什么比这份游记更能让今天的人详尽地了解那时候的杭州了。我们也应该感谢这位可爱的意大利旅行家，是他把杭州介绍给了全世界。很多欧美人知道杭州，正是从这部《马可·波罗游记》开始的。

当然了，元朝时期的杭州并不像马可·波罗描述的那样和平安逸，到处是风花雪月。即使是马可·波罗也承认民族矛盾不可调和地存在着：

他们不愿意看见任何士兵，即使是大汗的卫兵也不例外，因为一看见他们，居民们就会想起死去的君主和亡国之恨。

事实上，马可·波罗的游记更多的只是在描绘当时杭州繁荣的外表，而从历史的角度来说，在元王朝的统治下，绝大多数汉族人都处在水深火热之中，接受亡国奴的待遇，包括马可·波罗所称道的杭州那些衣服华丽的男女人民。

蒙古人在13世纪曾发挥出他们惊人的军事才能，而他们向外扩张的目的只有两个：一是掠夺财富，二是满足征服欲望。了解了这个庞大帝国的立国精神，就容易了解汉人所受迫害的沉重。元朝在建国之初就采取民族压迫政策，并有意识地划分出民族等级。元世祖忽必烈时，把全国人分为四等：第一等是蒙古人；第二等是色目人（指我国西北地区各族及中亚、东欧来到中国的人）；第三等是汉人（指原金国统治下的汉族、女真、契丹、高丽等族人）；第四等是南人（指原南宋统治下的汉族人）。马可·波罗笔下衣着华丽的杭州人就是属于最底层的南人。

元政府有严厉规定：禁止汉人打猎，禁止汉人学拳习武；禁止汉人持有兵器；禁止汉人集会拜神；禁止汉人夜间走路；凡有马者一律拘入官，甚至汉人家中的一把切菜刀都要受到管制。

在种种歧视和不自由的管束下，还要受到超常的横征暴敛，所谓"钩考天下财谷"。而所委任的官员又多贪官污吏（元朝官员的贪污腐败跟他们初期的武功一样，在历史上也属空前）。这些贪官污吏，于所到之处加倍逼取百姓，"民至嫁妻卖女，祸及亲邻"；扬州、杭州两地受害至深，《元朝名臣事略》载："延蔓以求，失其主者，逮及其亲；又失，代输其邻。追系收坐，岸狱充牣，搒掠百至"，被逼死者无数。

元帝国暴政中最特殊的一项是吐蕃番僧对汉人的逞凶。这些号称"慈悲为怀，普度众生"的所谓活佛，其

第七章 落日余晖下的惊鸿一瞥

灵隐寺飞来峰布袋弥勒造像

实是真正的佛门败类,他们也成了汉人的灾难之一。江南释教都总统杨琏真加,驻扎杭州,把南宋皇帝所有的坟墓全都发掘,挖取陪葬的金银珠宝,甚至把宋理宗的头骨做成了溺器,并在宋宫室遗址上修建佛教密宗式的塔寺以施行镇魇;他还指使僧人夺占书院、学舍及其他前宋产业,至少有50万户农民(约250万人)被他编为寺院的农奴。

就是这样一位恶僧,倒也给今天的杭州留下了一些东西,那就是满山的石雕石刻。石窟造像之风始于印度,杭州最早的石雕造像则始于吴越国时期。吴越国的造像,以烟霞洞、慈云岭两处最为著名。而在灵隐的飞来峰上,石雕造像最为密集,其中最著名的布袋弥勒造像曾经作为杭州的旅游标志出现在各种印刷品中,这座造像刻于南宋时期。而到了元代,杨琏真加组织了大量的杭州匠人满山刻石,所以在飞来峰最密集的石雕群中以元代的雕刻为主。

在主持飞来峰等处摩崖石刻时,杨琏真加甚至还让人把自己的造像刻上去，妄图永世受人香火。据说，明代的大才子张岱来飞来峰游玩，突见众多的元代石刻中有一胡人石像驾于龙上，有裸女献花果，张岱一看，以为是杨琏真加！张岱当即大怒，用石头猛砸石像，砸下的头像，被他扔到了茅厕里，灵隐的僧人听了，都拍手称快，大叫砸得好。其实，张岱也是砸错了。但因为杭州人痛恨杨琏真加，消息传出后，居然殃及了旁边的密理瓦巴像，不少人误以为他就是杨琏真加的造型，常用木棍石头敲打，僧人们怕这尊元代石像无辜被毁，只好用铁蒺藜把它围护起来，这才保留到今天。

杨琏真加只是元朝番僧恶人的一个代表，在他们的淫威下，喇嘛们所到之处，随从如云，强住汉人住宅，把男子逐走，留下妇女陪宿。他们在街上很少买东西，看上什么只径行夺取。而元朝的皇帝对喇嘛教还十分狂热，元武宗海山甚至下诏："凡殴打喇嘛的，砍断他的手；凡诟骂喇嘛的，割掉他的舌头。"

元末著名诗人王冕有诗单咏"南人"生活："江南民，诚可怜，疫疠更兼烽火然。军旅屯驻数百万，米粟斗直三十千。去年奔走不种田，今年选丁差戍边。老羸饥饿转沟壑，贫富徭役穷熬煎。"

"水深火热"本是一个形容词，而处在水深火热当中的杭州偏偏在元朝真正遭遇了这座城市历史上罕见的几场大火：

元至元十四年（1277）十一月，改宋行在为杭州，是年，南宋皇宫因民居失火延及而焚烧殆尽。

元至正元年（1341）四月，杭州失火，自东南延至西北，近30里官民闾舍焚荡其半，总计毁官民房屋、公廨、寺观 15755 间，10797 户 38116 人受灾，烧死 74 人。次年，杭州又大火，共烧毁民舍 4 万余间，火灾之甚前所未有，数百年浩繁之地，日渐凋敝。

历史上把至正初的这两次大火称为"辛巳、壬午大火"。

说来也是奇怪，杭州历史上就是有特多的火灾：五代吴越国时，一场大火延及内城，烧得国王钱元瓘都因受惊惧而发狂疾；南宋时的几场大火，把供奉皇室祖宗的太庙都烧了个精光，而且烧起来都是一连三四天扑不灭，简直跟今天的森林火灾相仿佛了。所以，杭州俗谚里有一句话，叫"城隍山上看火烧"——城隍山也就是吴山，是当时的杭州城域范围内的最高峰了。

然而，还有一把火，是一个迟暮老人于病榻前烧一幅画放的火，却叫人至今扼腕叹息！

3

14 世纪中叶的杭州城里，穿梭着一个全真教的道士，羽衣星冠，举着幡幌，替人看相解卜。

旧时的杭州人颇信算命占卜，南宋临安的夜市里卜肆生意就极为兴旺，算命先生一直要营业到三更半夜。御街两旁有"术士三百余人设肆"，著名的有蒋星堂、玉莲相、花字青、霄三命、玉壶五星、沈南天五星等，还有一些流动的卖卦人，口里唱着"时运来时，买庄田，娶老婆"，举着幌子一路招摇，已成临安一景。到了元朝，这类生意大多给全真教的道士占了。

全真教因为创始人丘处机与成吉思汗的特殊关系而

在元朝盛行一时，这在金庸的小说《射雕英雄传》里大家可以略知一二。因为到处都是全真教道士，就像今天遍地的快递小哥，所以谁也不会认真地去看一眼这位卖卜的道人。

生意欠佳，道人便只好早早地回了南山筲箕泉的家里。茅屋瓦牖，家徒四壁，唯有桌上铺着绢素，搁着纸砚笔墨。道人挽起袖子，握住一杆枯笔，他的双眼便炯炯放光了。

今天的杭州人，对他的名字已经是如雷贯耳了。

黄公望，元四家之首的著名大画家，当年就隐居在南山筲箕泉的茅屋里无人问津。

公望其实本姓陆，因为过继给黄氏为子，遂改姓黄。黄氏老父九十才得子，深有感慨地说："黄公，望子久矣。"所以，索性取名黄公望，字子久。

公望当然也读书识字，但元代的读书人境况最是可怜，所谓"八娼、九儒、十丐"，地位竟是排在了娼妓和乞丐之间。为生存计，读书之外总还得有一技谋生，于是他便幼习书画。黄公望师法董源、巨然，兼修荆浩、关仝、李成等诸名家，后来又得到赵孟頫的指授——顺便说一句，赵孟頫是他好友王蒙的舅舅——所作水墨画笔力老到，简淡深厚。又于水墨之上略施淡赭，世称"浅绛山水"。他的笔墨气韵或苍茫浑朴，或秀润淡雅，或萧散清逸，或蓊郁华泽，表现出师法造化、与众不同的艺术特色。

黄公望年轻时的自我定位倒并不是道人和画家，他也曾被官府辟为书吏，当过一阵子公务员。可惜惹上官非，遭人诬陷入狱。出狱后，人过中年的他便看破红尘，47岁入了全真教当了道士。由于长期浪迹山川，开始对江河山川产生了兴趣。领略山川的情韵，观察朝暮变幻的奇丽景色，见好山好水随时模记，得之于心，运之于笔，他的山水画素材，就来自这些山林胜处。这使他在寂寞的人生中得到了快乐的真谛。黄公望正式开始画画，一直要到他50岁时。而今天所见的作品，多为他70岁以后所画。

与黄公望隐居的筲箕泉不远的地方是浴鹄湾。刘邦彦有诗云："春水初生浴鹄湾，篾楼高枕对青山。鸟声啼足忽飞去，门掩绿阴清昼闲。"说的是元代张雨在浴鹄湾所筑的黄篾楼水轩的景致。如今，旧址已经重修，那里仍然"门掩绿阴"，清静得适合修行。

几百年前来此长歇的过客——张雨，也真的是修行中人。张雨，又名天雨，别号句曲外史。跟黄公望一样，他也是一位道士，只不过他是茅山道士。张雨出家的年份应该比黄公望早，他在20岁的时候便弃家出游，披上了羽衣道袍。张雨多才多艺，善书工画，尤其是素有诗名，被认为是元代中后期的主要文人代表，当时的士大夫们也曾一度与他频繁交往，倪瓒甚至称赞他是"本朝道品第一"。不过，他始终是那个时代的边缘人，到了晚年就在浴鹄湾畔隐居起来了。

从年份来看，黄公望与张雨隐居的时间应该在同一时期，两处地方相距也不过一两里路，而且从经历来看，两人不仅同为道士，而且都曾受教于赵孟頫，然而史书上却没有这两个人交集的记载，这不能不说是后人的遗憾了。

雨落在浴鹄湾的水面上，荡起一串串的涟漪。

上：筼筜清音　　下：湖西浴鹄湾

也许此时的黄公望正忙于一件事：

黄公望住在杭州，往来于三吴之间，经常到富春江畔去，沉湎于富阳一带的青山绿水。他有一位师弟兼朋友叫无用禅师，黄公望要画一幅《富春山居图》送给这位师弟朋友。

黄公望用了整整七年时间，临死前一年才完成这幅高31.8厘米、长860厘米的艺术长卷，完成时间大约在至正十三年（1353）。这个时候，比他年轻十几岁的张雨早在三年前就过世了。

两位大师级的道长终于错过了握手言欢的机会，但他们分别给后人留下了《句曲外史集》的诗集和《富春山居图》等不朽画作。读张雨的诗，品黄公望的画，给人的感觉就好像是大元朝落日余晖下的惊鸿一瞥。

黄公望这幅传世之作在无用禅师圆寂后不久就开始辗转流传了。整个的流传过程，本身就是一个传奇。明朝的时候，它曾经先后到过大画家沈周、董其昌的手里，后来又到了宜兴吴之矩、吴洪裕父子手上。这对父子是真的喜欢这幅画，专门盖了楼起名"富春轩"珍藏。然而，他们的占有欲还是太强了些，1650年，当吴洪裕快死之时，他想到了唐太宗将王羲之《兰亭序》真迹带入昭陵殉葬的故事，居然也想将此画殉葬，而且他想到的殉葬方式还不是将原件带入坟墓，而是像烧纸钱似的烧给自己。他躺在病榻上，正命人点火烧画的一刻，他的侄子吴静庵赶到了——也算是黄公望地下有灵，不愿自己的杰作就这么毁于一炬吧——连忙从火中取出刚刚点燃的画作。画已经被烧成了两截，所幸的是基本上还没有破坏原作。

〔元〕黄公望《富春山居图》之《剩山图》

今天，我们在浙江博物馆里看到的就是前面的一小截《富春山居图》，后世将其称为《剩山图》；而后面那个一丈八尺余长的大段画作后来进了清宫，谁知乾隆皇帝不识货，把先前宫里收藏的伪本《子明卷》当了真迹，反把真迹当了伪本，称为《无用师卷》。皇帝的"圣论"维持了近两百年，终于被近代的大画家吴湖帆推翻，认为《无用师卷》为真，《子明卷》为伪，但也认为《子明卷》具有很高的艺术价值及历史价值。现在，《无用师卷》和《子明卷》都存放在台北故宫博物院。

4

一把火将一幅名画烧成两截！

一把火也让两岸分隔。

回来仍说历史：火还在烧。

由于元朝的残酷统治,社会矛盾日益激化,真正的烈火即将燎原。

于是,江南"盗贼"蜂起,起义达数百处。曾经庞大的、看似"巨无霸"的帝国大厦,很快轰然倒塌。

元世祖至元二十七年(1290)六月,杭州就发生了唐珍起义,后被镇压。到了元末顺帝时,起义军更是风起云涌。

至正十二年(1352),红巾军徐寿辉部将项普略于七月破昱岭关,自余杭占领杭州,杀了元朝的江浙参知政事樊执敬。后红巾军为元将董传霄所败。

四年后,张士诚部义军在士诚之弟张士德率领下自平望攻杭州,占据杭州。

作为钱镠之后的又一位割据者,张士诚对杭州确实也是有贡献的。跟钱镠一样,张士诚也是私盐贩子出身,只不过钱镠贩私盐是翻山越岭走陆路,而张士诚则是走的水路。这位操舟贩盐出身的吴王,对杭州城做了两件大事:

一是重建杭州城,发浙西郡民筑城墙。元朝统治者为了他们的铁骑能够一马平川,曾经将各地的城墙统统拆除,杭州城墙也难逃厄运,吴越王时期建造的罗城、子城全被夷为平地。为了加强防卫,至正十九年(1359)张士诚调集松江、嘉兴、湖州、杭州等地的民夫大规模修筑杭城,由郡守谢节和守将潘元明组织和指挥,出粟二十万石,昼夜兼工,历时三个月时间复建杭州城墙。明人田汝成说,这座城"城周六千四百丈有奇,高三丈,厚视高加一丈",所有土石砖甓灰铁木等物材,"累巨

凤山水城门与六部桥

万亿而不可胜纪"。

张士诚并非原原本本在南宋旧城的基础上复建新城，他把东城向外延展了三里，将原本在城外的菜市河纳入了城内；把西北城改曲为直；而把候潮门以西的城墙缩入二里，即将南宋皇城的南门"嘉会门"废弃，把原来在城内的凤凰山东麓与万松岭一带划出城外，把南宋皇城的北门"和宁门"作为新杭州城的南城门，即今天的凤山门。经过这次大规模的扩城工程，杭城面积有所增大。同时，他将南宋的13座旱城门变成了10座，即废南宋的钱湖门、东便门、保安门、嘉会门，新建凤山门，同时更改了部分城门名，从而形成了从明至清的杭州十城门：凤山门、清波门、涌金门、钱塘门、候潮门、望江门、清泰门、庆春门、艮山门、武林门。

第二件大事就是发民夫20万沿城开河。大运河进入杭州城的河道原先比较狭窄浅显，张士诚"复自五林港开至北新桥，又南至江涨桥，阔二十余丈，遂成大河"。这就是今天杭州的护城河，杭州人又称"城河"。这条城河跟运河一样，至今仍环绕着杭州。而这件事之后，运河入城的主道便从上塘河移至下塘河，至今仍是主道，上塘河则成了支流。

然而，杭州人渴望的太平盛世并未因为重建杭州城和开掘护城河的盛举而到来，接下来张士诚与朱元璋争夺天下的战争又使他们吃尽苦头。

曾经有一个灯谜，谜面是"年年二三月"，打一明代名将，谜底就是常遇春。然而，这位朱元璋手下最能征善战的大将带给杭州人的，绝不是春天的感觉。史载：至正二十一年（1361），常遇春攻杭州，围城三月有余，各路粮道不通，一城之人饿死十之六七。军退，又大半殁于病疫。常遇春攻入杭州后，他进城的那条道路被改称为"庆春路"，至今仍是杭州重要的交通干道之一。

自元至明初，对于杭州人来说，可真是个长夜漫漫、噩梦不断的年头！

评曰：

"世界上最美丽华贵之天城"，这是意大利人马可·波罗给杭州的不朽赞语。尽管刚刚经历了改朝换代的巨大变革，但这座城市还是显示出它敏锐的复原能力。这种顽强的生命力和创造力，正是杭州人血液中最勃发的生机。

大事记：

* 景泰八年改元天顺元年（1457），于谦被杀，杭州数月不雨大旱，西湖水涸。
* 正德三年（1508），杭州知府杨孟瑛兴工疏浚西湖，使西湖恢复唐宋旧观。
* 嘉靖三年（1524），六和塔毁于火，重修后于嘉靖十二年（1533）又被焚毁，后又重修。
* 嘉靖三十四年（1555），倭寇犯杭州，自留下至北新关，周四十里毁燔一空，雷峰塔也被烧毁。两年后，胡宗宪诱捕海盗，斩于杭州。
* 天启六年（1626），浙江巡抚潘汝桢疏请建魏忠贤祠于西湖，自是诸地效尤，几遍天下。是年，杭州市民在吴宪的推动下，掀起反宦官的斗争。

第八章
清白人间的
鲜血梅花

1

当内乱终告结束之后,外患却又兴起。16世纪的中叶,大明帝国雍容安静的气氛被"倭寇"犯境而打破。

倭寇在西方文件中被称为"日本的海盗",他们以波浪式的行动在中国沿海骚扰。倭寇之起与走私贸易有关,严格地说,倭寇并非海盗,因为他们从未在海上作战,只是从海上而来,登陆后包围攻取城市,大肆掳掠。事实上,倭寇也不仅仅是来自日本的海盗、浪人,中间还夹杂着不少中国沿海的不法之徒。

明初,由于国力强盛,而明朝初期的几位皇帝又重视海防,倭寇未能酿成大患。正统(1436—1449)以后,随着政治的腐败,海防松弛,倭寇气焰日张。到了嘉靖年间(1522—1566),浙江沿海受倭寇的侵扰就非常严重。嘉靖二十六年(1547),明朝派朱纨巡抚浙江。朱到任后,封锁海面,击杀了通倭的李光头等96人,士气大振。然而,在朝的官僚却弹劾朱纨"擅自杀戮",结果,朱纨被迫自杀。自此以后,倭寇更加猖獗,杭州几乎成了他们盘中的一块肥肉。嘉靖三十四年(1555)正月,倭寇自乍浦攻海宁，进陷崇德，转掠余杭塘栖。五月，又南趋海盐，攻袁花，掠长安、临平至余杭，遂逼杭州。东自江口至西兴坝，西自留下至北新关，周围四十余里，烧毁一空，钱塘门外著名的昭庆寺（旧址在今上城区青少年宫位置）也被烧毁。

被烧毁的还有因许仙、白娘子故事而闻名天下的雷峰塔。雷峰塔为五代时吴越忠懿王钱弘俶因黄妃得子而建，初名"皇妃塔"，因地建于雷峰，后人改称"雷峰塔"。雷峰塔的建筑和陈设金碧辉煌，特别是黄昏时与落日相映生辉的景致，被命名为"雷峰夕照"，南宋画家李嵩作《西湖图》，将其列入"西湖十景"。而在中国民间故事《白蛇传》中，法海和尚骗许仙至金山，白娘子水漫金山救许仙，触犯天条，被法海镇在雷峰塔下。侵入杭州的倭寇当然罔顾这些历史和文化，他们怀疑雷峰塔里藏有明军的伏兵，便纵火烧塔。灾后古塔仅剩砖砌塔身，通体赤红，一派苍凉凝重风貌，所谓"雷峰如老衲"，说的便是雷峰塔重建之前的景象。2002年10月25日，雷峰塔重建工程竣工，一座仿宋新塔横空再现，重圆"西湖十景"梦。

倭寇终成大患，引起朝廷重视，防备倭寇来犯成了杭州的头等大事。嘉靖三十五年（1556），浙直总督胡宗宪屯兵数万人，于清波门南城上筑带湖楼，东南城上筑定南楼，凤山门西城上筑襟江楼，艮山门东城上筑望海楼，以资守望。这四座楼筑起后，倭寇知杭州有备，果然不敢再来攻掠。

由于不间断的劫掠，城市元气大伤。杭州在明代的城市地位，已不及宋元时代，不仅失去了全国第一等城市的地位，连"东南第一州"的地位也不复保持，与南京、扬州等城市相比，经济的发展已相形见绌了。

一座城市的精神传记　HANGZHOU

第八章 清白人间的鲜血梅花

舟望雷峰烟外塔

然而，自明中叶以来，在商品经济高度发展的基础上，若干手工业部门出现了资本主义的萌芽，其中以江南丝棉纺织业最为明显。明代纺织业的中心仍在苏杭一带，所以，可以负责地说，资本主义在中国的萌芽始于苏杭。

明朝钱塘人张瀚在《松窗梦语》卷六《异闻纪》中有记述：成化末年，杭州仁和县有一家名张毅庵的机户，产品"备极精工"，人相争购，家业逐渐发展起来，从一张织机发展到二十余张，"家业大饶"。这些开张二十余张乃至三四十张织机的机户，统称"大户"，而那些没有生产资料的则称"小户"，实际上也就是"机工"。有的小户被大户固定雇佣，有的则没有，他们之间的关系是"机户出资，机工出力"的劳动力买卖关系。

2

明朝就在这样一种新兴与腐朽相混杂的氛围中走过了它的 200 多年。在这 200 多年间，值得称道的事件和人物在杭州总也还有那么一些。

首先是杭州的人民"封"了一位他们这座城市的"城隍"。这位城隍生前是一位监察官，广东南海人，姓周名新，永乐三年（1405）调任浙江按察使。在杭期间，周新不畏强梁，平反冤狱疑案，免征苛捐杂税，善政甚多，杭人称之为"冷面寒铁周廉使"。然而，这样一位深受百姓爱戴的好官却因奸人陷害被逮送京师治罪，最后竟遭冤杀。杭州百姓闻听周新死讯，为之不平，为了寄托对他的怀念，把他奉为杭州城隍，在吴山上建庙祭祀。今天吴山上的周新祠（城隍庙）供奉的就是这位青天大老爷。

周新祠

周新含冤而死后的第44年,明景泰八年(1457),又一死讯传到杭州。杭人引以为豪的乡贤、当时朝廷的中流砥柱、兵部尚书于谦被复辟的皇帝加以"意欲"谋逆的罪名而杀害。

于谦的故居在杭州太平里(今上城区清河坊祠堂巷42号),小小的台门,普通人家的屋室,看上去就十分亲切。在杭州人的传说中,于谦从小就是个神童。明人孙高亮的《于谦全传》说他7岁就能用"子午谷"对"癸辛街"。那时候的儿童头上都梳两个小髻,一位和尚听说于谦早慧,有意试之,说:"牛头且喜生龙角。"于谦听了,立即反唇相讥:"狗口焉能出象牙?"如此种种的故事,杭州人总是津津乐道。

于谦15岁就中了秀才;20岁以第一名成绩考取廪膳生,享受公费待遇;23岁中举;24岁进京会试得第一名,然而,在殿试时,他的"杭铁头"脾气又上来了,直斥朝政弊端,结果为亲贵大臣所忌,将他压到三甲第92名,几乎已是最后一榜的末尾了。

于谦为官后，耿介的性格没有丝毫改变。因为清正廉明，刚直不阿，他被百姓比作包拯，称为"于青天"。在官场内，他也从不奉迎攀引。每次进京时除了简单的行李，从不携带送人的礼物。有友人劝他，你即使不献金银财宝，带点土产也便送点人情，于谦笑着回答："我入朝不是带着两袖清风吗？"

今天的人大多知道于谦的《石灰吟》，相传是他少年时代观看石灰窑烧窑后所写的：

> 千锤万凿出深山，烈火焚烧若等闲。
> 粉骨碎身全不怕，要留清白在人间。

这首诗已经成了于谦的人格化身。

杭州人自然不会忘记当年的"土木堡之变"：

明英宗草率用兵，亲征蒙古残部瓦剌部，结果在土木堡遭瓦剌军包围，50万大军死伤过半，英宗自己也做了俘虏。瓦剌把英宗当作人质，一路向明朝叫关勒索。这时，于谦力排众议，拥立监国的朱祁钰即帝位，是为景泰帝，遥尊英宗为太上皇，并且成功地组织了京师保卫战，粉碎了瓦剌的阴谋。然而，英宗回朝后，为了夺取皇位，却发动了"夺门之变"，将对大明朝有再造之功的于谦杀害。

仿佛是上天要找一泓温柔的湖水来慰藉蒙冤的灵魂，杭人收拾了他们英雄的尸骸，将他归葬于生他养他的西子湖畔。若干年后，于谦冤案昭雪，恢复官位名誉，谥"肃愍""忠肃"，在西湖的三台山麓，建于谦祠四时祭祀。清朝的乾隆皇帝对于谦也颇敬仰，亲自到于谦墓前祭扫，并手书"丹心抗节"额，以示旌表。杭人遂将他提到与

第八章 清白人间的鲜血梅花

于谦祠"丹心托月"牌坊

宋朝岳飞一样的高度，认为岳飞、于谦为西湖山水增添了英气，"赖有岳于双少保，人间始觉重西湖"。

3

说到两袖清风，我们还得提一个人物——海瑞。嘉靖三十七年（1558），他来到淳安当知县，历时三年。

淳安县地处贫瘠山区，百姓穷困，海瑞到任后也自甘清贫，与百姓同甘共苦。平时，他家里吃的都是老仆自己种的蔬菜。有一次为给老母祝寿，海瑞才破天荒买了两斤肉，这件事居然被浙直总督胡宗宪当成新闻在官场上宣传。

胡宗宪他们嘲笑海瑞，但也拿海瑞没辙。胡宗宪的公子回安徽绩溪老家，沿途招呼各地接待，十分铺张。到了淳安后，胡公子嫌驿站招待简慢，居然把驿吏倒挂了起来。海瑞得知后十分气愤，装着不知道胡公子的身份，指认他是假冒的，将胡公子行囊中的几千两银子都充公入了国库。他还驰函向胡宗宪禀告，故意说胡宗宪往日叮嘱厉行节俭，家教甚严，所以这个嚣张跋扈的胡公子一定是假冒的，为维护总督清誉，依法予以惩戒。胡宗宪自知理亏，也只好忍气了事。

还有一次，内阁首辅严嵩的私党、都察院左副都御史鄢懋卿奉旨巡视江南。鄢懋卿恃仗严氏父子，市权纳贿，奢靡无度，用白金装饰溺器，出巡乘坐的五彩舆轿甚至是由十二名女子抬的。海瑞探听到鄢在沿途的作为，淳安这样的穷苦地方，怎能接待得起这样的车驾？他寻思再三，决定先发制人：他给鄢懋卿上了一个揭帖，说沿途各地的铺张做法与您颁下的条例大相违背，也有违您爱民恤民的美意，请您垂示，我们淳安应该怎样接待？

千岛湖海公祠

据说,他还准备亲自充劳役去替鄢懋卿当纤夫,背纤拉船——淳安知县虽是个七品芝麻官,但好歹也是朝廷命官,让朝廷命官替自己背纤拉船,传到京城去毕竟有违制度,鄢懋卿这一点脑子还是有的,他知道海瑞这个铁面无私、连顶头上司胡宗宪的账都不买的知县不好对付,也只得绕道离开,不去淳安了。

正如诗人臧克家所说的:"骑在人民头上的,人民把他摔垮;给人民作牛马的,人民永远记住他!"在今天淳安的千岛湖上,有纪念海公的海瑞祠,永远与日月相伴。

4

现在，我们要回来再说说西湖了。

前文已经讲到唐、宋时白居易、苏东坡等人对西湖的疏浚，而在元朝，蒙古官员竟然视西湖为祸国尤物，80余年中除留下一批石刻造像外，对湖山园林几乎无所建树，任其荒废，无人疏浚。苏堤以西的湖面，葑草蔓生，于是地方上的巨富豪绅大肆侵占。他们或将西湖水域开垦为农田，或造亭台馆舍辟为私家庭园，或种植菱藕。美丽的西湖，失去了潋滟的风光，几乎濒于湮没。

到了明朝宣德、正统年间（1426—1449），有人倡议疏浚西湖，但因豪族势力利益集团的百般阻挠，终于未能实施。直至弘治十五年（1502），杨孟瑛任杭州知府，任期内终于拉开了杭州历史上最大规模的一次西湖疏浚。

杨孟瑛是四川人，跟苏东坡算是老乡。苏东坡守杭时，西湖淤塞十之有四，而杨孟瑛的任务则更艰巨，当时西湖被占已达十之八九！而且，杨孟瑛浚湖比白居易、苏东坡时困难得多：白居易治湖，根本不必奏请朝廷批准；苏东坡总还得上个疏奏请示报告一下；而杨孟瑛要进行这项重大工程，必须先得要驻杭的同城御史车梁、佥事高江的同意，然后再共同署名奏报朝廷。杨孟瑛对疏浚西湖提出了五大理由，甚至跟防御倭寇的国防事业都拉上了关系，总算有说服力了，饶是这样，从上书到获准立项开工，还是花了五年时间！

浚湖的最大阻力还是来自既得利益的富豪阶层。有了朝廷的批准谕旨，杨孟瑛胆气壮了不少。为了防止富豪刁民寻衅滋事，杨孟瑛特意发布一则安民告示，并且豪迈地表示："天下事未有不任怨而能立功者，况是非久当自定,苟利吾民,吾何恤哉!"

明正德元年(1506)二月二日,历史上规模最大的一次西湖疏浚终于开工了,工程至九月十日完工,其间因暑热而有停工,实际历时180多天,计约670万工日,拆毁田荡3400多亩,耗银2.3万多两,使西湖复唐宋旧观。杨孟瑛也效仿白、苏前贤,以浚湖淤泥堆筑起一条六里长堤,从栖霞岭起,绕丁家山直到南山,与苏堤并驾齐驱,后人称"杨公堤"。

杨孟瑛浚湖本是一件利民的好事,可是却侵犯了豪强的利益,仅仅一个月后,杨孟瑛便被弹劾,说他耗费官帑,浚湖无功。次年,他被贬官,黯然离开了杭州。明朝廷对杨孟瑛是极其不公平的,而官方的修志者对他也同样不公,叙述历代治湖,只提白、苏,而对杨孟瑛则一笔抹杀。直到清代傅王露修纂《西湖志纂》,才为他说了一句公道话:"有明开浚之功,以孟瑛为最。"然而,到了清代,杨公堤却一度消失。由于西湖淤浅,

杨公堤六桥中唯一保存至今的古桥——景行古桥

杨公堤西面已是农桑之地，行游者十分稀少，终至废去，名称也改叫了西山路。直到新世纪到来，杭州市委、市政府推行"西湖西进"，才重新恢复了杨公堤。今天，杨公堤已经成为贯通西湖南北的一条主要干道，四方游客行走杨堤，也算是告慰五百年前那一颗不平的心。

好了，仍旧回来说西湖：

明嘉靖三十一年（1552），杭州知府孙孟在北宋时初建的西湖三塔之北塔遗址建振鹭亭，后改清喜阁，即现湖中三岛之一的湖心亭。

明万历三十九年（1611）始，钱塘县令杨万里以10年时间在放生池外筑外堤，构成"岛中有岛，湖外有湖"的佳景，湖中"小瀛洲"自此形成。天启元年（1621），在"小瀛洲"南复建三塔，即今之"三潭印月"。

可以这么说，今天的西湖各景点在明末清初之时大致已形成。

湖心亭

三潭印月

5

说起杭州的城市性,我们今天仍经常在用一个词,叫"南宋遗风",毕竟南宋定都的 138 年历史对这座城市影响深远。但这南宋遗风究竟体现在哪些方面?答案当然是多种多样的,但有一点我想是至关重要的:宋朝是中国平民社会的开始,经过 138 年的洗礼,这座城市形成了一个庞大的市民阶层。而到了明朝,随着资本主义在江浙一带的萌芽,城市化进程加快,杭州的市民阶层进一步壮大和成熟,市民生活也越发地丰富多彩。

著名作家王旭烽曾形容明代的杭州人是一群"会讲故事的杭州人",确实,那个时候的人已经懂得"讲好杭州故事"了,我们今天引以为豪的"四大名著",几乎都和杭州有着不可分割的渊源。

讲故事的传统其实也是从宋代沿袭下来的。南宋时期,杭州的勾栏瓦肆据《咸淳临安志》载有 17 处,《武林旧事》载有 23 处。民间说话，也就是类似于说书的一种艺术，在勾栏瓦肆里颇受欢迎。宋孝宗时，杭州有名姓记载的"百艺群工"就有 50 多种 500 余人，而"演史""说经"的"说话人"就有 92 个，比其他任何一种伎艺队伍都要庞大。"话"的内容是故事，说故事故称"说话"，由此也形成了"话本"这么一种文学体裁。影响所及，甚至连郊外的农村也盛行说唱艺术。陆游有诗云："斜阳古柳赵家庄，负鼓盲翁正作场。死后是非谁管得，满村听说蔡中郎。"描写的就是这种场景，而诗中所说的"蔡中郎"，也就是东汉末年的蔡邕蔡伯喈，他后来是因为抚哭董卓而被王司徒王允所杀，这些其实已经牵涉到后来《三国演义》的故事。

明代的杭州人继承了宋朝的市民习俗，民间说唱艺术也非常发达，在此基础上，终于形成了中国传统的通俗小说。这些通俗小说分成两类：一是经过宋元话本的发展，出现了《三国演义》《水浒传》等长篇章回体小

南宋皇城遗韵

说；二是出现了以"三言二拍"为代表的白话短篇小说。无论是长篇还是短篇，都有大量反映杭州的内容，也有不少作品是在杭州这块土地上诞生的。

由说唱而成书，恰巧杭州的印刷业又一枝独秀，从宋朝开始就是全国的三大刻书中心之一。得天独厚的条件，使得许多经典的传统故事都是从杭州传播开去。

我的手头有一本书，叫《四大名著与杭州》，尽管书中的论断在学界还存有争议，但至少也能成一家之言：

先来说《水浒传》。说这本书我们得先从一个叫李嵩的杭州人说起。他是南宋宫廷的一个著名画家，一生都在杭州度过，"西湖十景"的题名就是由他的画作而来，而水浒故事的收集也是从他而开始。他首先把说唱里的宋江等人的故事写了下来，他所"传写"的"宋江事"，主要就是杭州的"街谈巷语"中的"宋江事"，可以说，他是第一个参与《水浒传》创作的文人。到了南宋末年，一个叫龚开的文人继承了李嵩的文本，写下了《宋江三十六人赞》。第三个介入的文人是宋末元初的周密，他虽然祖籍济南，流寓湖州，但中年之后就长住杭州了，他所著的《武林旧事》也是我们今天研究南宋杭州的一个重要依据。就是这个周密，住在杭州的癸辛街上，又为龚开的文本写了跋。然后明代的罗贯中又介入进来。明清两代的史料多记载罗贯中是杭州人，原名罗本，字贯中。第五个介入的文人，才是最后定稿的施耐庵，也有人说他是"钱塘书会才人"。他笔下的杭州和西湖，还有宋江征方腊的杭州战役，绝不是一个不了解杭州的人所能完成的。小说描写的部分内容，以及书中写到的地理地貌、气候物象、方言土语，还有人文故实、风俗人情，似乎都有力地证明：杭州是《水浒传》作者长期生活的地方。当然了，《水浒传》最早的容与

三生石

堂本也是刻印于杭州，时间是明万历三十八年（1610）。此书由明代的李贽作点评，称《李卓吾先生批评忠义水浒传》，书中序后有"虎林孙朴书于三生石畔"几个字。杭州古称虎林、武林，三生石也是杭州独一无二的著名景点。

与《水浒传》诞生在杭州一样，《三国演义》也最早在杭州刻印流传。据张秀民的《中国印刷史》记载："明初钱塘罗本贯中《三国演义》出，洛阳纸贵，其名大显。"小说的情节不少采于宋元话本和杂剧，如《关大王独赴单刀会》等。在此之前，南宋时的太学生陈亮就曾著有《三国纪年》，也可视为是三国故事在杭州的流变过程。

《西游记》的雏形是《大唐三藏取经诗话》，源自玄奘口述的《大唐西域记》，这本诗话当年也是勾栏瓦肆说唱的热门内容，迄今发现的最早的《大唐三藏取经诗话》就是由杭州中瓦子张家刊印的。

上述三部名著均系由说话、话书演变而来。杭州的说唱艺术发达，再加上印刷业先进，因此在这三部名著的流传过程中起到了重要的作用。那么，作为纯文人创作的《红楼梦》又与杭州有什么关系呢？

当代的《红楼梦》研究学者土默热（蒙古族）认为：《红楼梦》的真实作者，不是什么北京旗人出身的破落子弟曹雪芹，而是杭州养育的大文学家、戏剧家、诗人洪昇；书中美轮美奂的大观园，原型就是清初杭州有"副西湖"之称的西溪的一组古典江南园林；书中描写的聪慧美丽的"金陵十二钗"，其实就是清初曾结成"蕉园诗社"的十二位杭州女诗人——这当然是土默热先生的一家之言，但有趣的是，那个拥有《红楼梦》最重要异本的三多（号"六桥"），既是蒙古族人，也是清朝末年的杭州知府。三多爱看《红楼梦》，常以有关"红楼"的事入诗，他收藏过百十回本的《石头记》（《红楼梦》的原名），后来转让给日本人（日本学者称他为三六桥），这个版本比八十回本多出三十回，而这后三十回，有人认为应该就是曹雪芹的原作版本。当然，这只是学界的一种比较另类的说法。

由"四大名著"与杭州的渊源来评价杭州对中国文学的贡献，应该是毫不过分的。而在各种白话短篇小说中，反映当时杭州市民生活的故事更是比比皆是，比如较早的宋元话本小说集《京本通俗小说》里就有一篇著名的宋话本小说《碾玉观音》，讲的是南宋临安城咸安郡王府里绣娘璩秀秀与门下碾玉待诏崔宁的故事。秀秀住在钱塘门内，大概就是今天龙翔桥一带，因绣艺出众，被招到井亭桥附近的郡王府里当绣娘，认识了雕刻玉器的匠人崔宁；而崔宁家在石灰桥，也就是今天的之江饭店附近。这两个古代的年轻人上演了一场惊心动魄的"人鬼情未了"的爱情故事，几乎可以与杭州盛传的"梁祝""白蛇传"故事相媲美。如此看来，杭州人真是很会讲杭州故事的！

6

然而，恬静和淡的市民故事终于为炮声所打断。

公元 1645 年，在清朝则为顺治二年，六月，杭州人民再次落入了异族的统治。在此之前，他们的皇帝——明朝最后一个君主崇祯帝因抵挡不住李自成起义军洪水般汹涌的攻势而吊死在北京煤山的一棵小树上。满洲人是借口为崇祯帝报仇而从山海关外大举入关的。剽悍的满洲八旗兵很快地收拾了明朝留下的残局：曾经叫大明朝头疼不已的各路"流寇"被一一荡平，李自成兵败后也退出北京。清朝的皇帝顺治爷来了！

清军南下。

在南方，崇祯帝死后，其从兄福王朱由崧在凤阳总督马士英等人拥戴下于南京称帝，改年号弘光，史称南明弘光小朝廷。杭州正在其统辖之下。

然而这个弘光小朝廷实在腐败得一塌糊涂，清军几乎是摧枯拉朽攻下扬州、镇江，民族英雄史可法成仁就义，南京失陷，弘光帝也被俘斩首。六月，杭州城破。

这个时候，一位先生的身影飘过杭州，杭州城里又上演了大明朝最后一出壮怀激烈的故事。

先生姓张，名煌言，号苍水，宁波鄞县人。

先生本是位读书人，17 岁中秀才，23 岁中举人。然而，此时的大明朝，却已经放不下一张安静的书桌。

弘光帝被杀，杭州沦陷的消息传到宁波，张苍水毅然变卖家产，组织义军，参加了浙东抗清的队伍。他们把逃到天台的明朝鲁王迎到绍兴，奉为监国，沿富春江、钱塘江一线形成一道保卫浙东的防线。

然而，这道防线并不坚固，顺治三年（1646）六月，浙东各县相继沦陷，鲁王出逃舟山群岛。张苍水辞别老父、妻子，追随鲁王辗转闽浙海疆，继续抗击清军。有一阵子，张苍水与厦门的郑成功联师北伐，以18万兵力进入长江口，克瓜州，复镇江，直逼南京城下，一度形势大好。远眺开国皇帝朱元璋奠定明朝基业的南京城，郑、张联军人人服孝，设香遥祭，一时间，哭声撼动长江，也声闻全国。然而，郑成功却犯了一个致命的战略性错误，想"不战而屈人之兵"，坐等南京投降，致使清军援军合围，北伐又告失败。

浪奔浪流，潮起潮落。滔滔江水，是流不尽的英雄泪，

张苍水祠

淌不完的壮士血!

二十年惨淡经营,屡败屡战,无奈大势已去。为了避免更多的无谓牺牲,先生只好遣散队伍,自己带了少数亲随,隐居于南田海外的荒岛悬岙。

清廷到处悬赏通缉,终因叛徒出卖,先生在悬岙被俘。从宁波押解到杭州的途中,数千百姓沿途挥泪,争睹最后一位兵部尚书的不屈身姿。据说,舟行钱塘江时,有一押解的兵士居然夜坐船头,高唱苏武牧羊歌。张苍水披衣而起,手扣船舷和之,慷慨悲歌,天地为之动容。

就是在押解途中,张苍水赋诗明志,其中一首流传甚广:

国亡家破欲何之?西子湖头有我师。
日月双悬于氏墓,乾坤半壁岳家祠。
惭将赤手分三席,拟为丹心借一枝。
他日素车东浙路,怒涛岂必属鸱夷!

在诗里,他表示将向长眠于西子湖头的两位先贤学习,这两位先贤分别是宋朝的岳飞和明朝的于谦。这两位都葬于杭州,一位是冤死于此,一位是出生于此,共同之处也正是张苍水感慨系之的国亡家破、独木难支的境遇。

面对这样一位披肝沥胆的忠臣,清廷也舍不得杀,百般劝降,诱以高官厚禄。但张苍水心如铁石,只求成仁。

康熙三年(1664)九月七日,方巾葛衣的张苍水乘着竹轿来到杭州弼教坊(今官巷口)的刑场,从容就义。临刑前,他抬头眺望凤凰山一带,叹出三个字:"好山色！"——二百多年后，中共早期领导人瞿秋白在临刑时撩袍而坐，说出一句："此地甚好！"可以看作为先生的回响。

张苍水就义后，故交黄宗羲等收拾遗骸，将他葬于南屏山荔枝峰下，当时不敢公开，只称为"王先生墓"。一直到乾隆四十一年（1776），清廷录明故殉节诸臣，褒谥张苍水为"忠烈"，张苍水墓才得以让人公开祭扫。

今天，张苍水墓与岳飞庙、于谦祠一起，鼎足而立，彪炳千秋。"西湖三英烈"为原本婉约秀丽的湖山增添了一份磅礴浩然之气。当你徘徊在甬道上的那些石兽翁仲之间，追怀这几位西湖英烈的慷慨人生，你的心中会不由得涌起一股肃然起敬之情。想当年，在评选杭州市花时，有不少市民坚持要求将梅花与桂花并列，此中的深意，在这一刻，我想你能理解。

这不仅是一座风月的城市，还是一座英雄的城市！

评曰：

从古典社会的优雅转为近世的世俗与生动，明朝二百多年，让杭州的城市性格渐趋完备：这里有市井小民，有忠臣烈士；这里有风月无边，同样也有浩气长存。一座城市的丰富性如一幅画卷在这里展开……

大事记·

*顺治二年（1645），清军克杭州，置浙江巡抚、杭州府隶，领钱塘、仁和、海宁、富阳、余杭、临安、於潜、新城、昌化九县。

*康熙二年（1663），以「明史案」杀庄廷钺于杭州，株连死者70余人，文字狱自此大起。

*康熙三年（1664），明督师张苍水被害于杭州。

*康熙二十八年（1689），康熙帝第二次南巡，正月启銮，二月至杭州，渡钱塘江祭禹陵，历九日还京。

*乾隆十六年（1751），乾隆帝第一次南巡，三月至杭州，免浙江本年额赋。乾隆凡六次南巡，每回皆驾临杭州。

*嘉庆五年（1800），浙江巡抚阮元在西湖孤山创办诂经精舍，开清际兴学之风。

*道光二十一年（1841），林则徐被革职，自广东至富阳，在浙35天，协助裕谦筹谋划策，直至奉到廷寄发往新疆，始离浙江。

*咸丰十年（1860），太平天国李秀成为解天京之围，由皖向浙进军，奇袭杭州。此后，数度攻陷杭州。至同治三年（1864），杭州人口从战前的81万锐减至约剩7万人。

*光绪二十二年（1896），杭州拱宸桥日租界正式开埠。

*光绪三十年（1904），西泠印社成立，推吴昌硕为社长。

*宣统三年九月十五日（1911年12月5日），杭州光复，浙江军政府成立，推汤寿潜为都督。并钱塘、仁和为杭县。

第九章 三百年重叠的美丽与辛酸

1

城头终于插上了大清的旗帜，杭州人再度落入了异族的统治之下。根据顺治帝的"剃发令"，他们的头发被剃去了前半部分，脑后却拖出一根长辫子来。各地都有激烈的反抗情绪和行为，杭州算不得最激进的城市，但是反抗总还是有的。当时的杭州城里，也有许多汉人赴水而死，其中有为明朝殉难的忠烈节义之士，也有被满人的残酷统治逼死的普通百姓，钟敬文的《湖上散记》说："杭人赴横河桥死者，日数百人，河流为之壅。"人间天堂，一时竟成了人间地狱！而清人则继续着他们的高压政策，清军宣布要圈地驻军，"以资弹压"。

从顺治五年（1648）六月起，在濒西湖东岸、杭州城西（今青年路、惠兴路、岳王路以西，庆春路西段以南，湖滨路以东一带地域）开始建立旗营，周围9里有余，占地1430多亩。这个号称"穿城十里"的旗营位置就在今天的湖滨六公园一带，也就是当年的钱塘门和涌金门之间，紧挨着西湖。城墙是以砖石砌起来的，高一丈九尺，厚六尺，全长将近十里，城头上可以有两匹马并驰，城墙上布炮位，防守严密。满洲旗人在这个"超级军区大院"

第九章 三百年重叠的美丽与辛酸

如今集贤亭一带就是当年的清旗营

里日日骑射操练，炫耀武功。

尤其是圈地筑城时，清政府强迫百姓迁徙，而对被驱逐的居民又不设法安顿，任其流离失所，或在寺庙路亭处栖身，而且还要照旧缴纳地税，弄得百姓"扶老携幼，担囊负簦，或播迁郭外，或转徙他乡"。

旗营内驻八旗官兵3900余人，由杭州将军统领。历史上出任杭州将军的，最有名的当然要数雍正朝的年羹尧。这位年大将军长期驻守西北边陲，官拜抚远大将军，对雍正皇帝的上位及此后的巩固统治都厥功甚伟。但此公居功自傲，大有尾大不掉之势，他被贬为杭州将军已是雍正要对他下手的信号。但年羹尧却不知收敛，到了杭州后仍然飞扬跋扈，不可一世。据说他在城门口摆下座椅，大大咧咧地一坐，声称座椅上的明黄坐垫是皇帝钦赐，以此要求大小官员跪地叩拜，总督、巡抚概不能免。年羹尧的这些做法既侮辱了同僚臣工，也使雍正帝十分反感，所以，这位杭州将军很快就被曾经亲如兄弟的雍正皇帝赐死了。

年羹尧的故事当然只是旗营三百年历史的一段插曲，而旗营的军纪也确实很坏：驻防将领，恃威放肆，或夺占民业，或重息放债，或强娶民妇，胡作非为，种种为害。居住在旗下营里的满人称旗人，旗人也每以征服者自居，歧视和凌虐汉人，作威作福。他们经常以贱价强买货物，几乎等同于掠夺，弄得周边商贩苦不堪言。旗营平时禁止汉人出入，杭州人想要出城去玩赏西湖都受到了交通的阻隔，清明等假日例行开通，允许汉人穿城而过，但汉族妇女出钱塘门去北山扫墓时，屡屡发生被调戏、侮辱的事件。

旗人不事生产，唯一热衷的营生就是向汉人放高利贷。按月加利，借人十两银子，十个月后就成了二十两，再过十个月，利滚利又成了四十两。就这样，把汉人盘剥得倾家荡产，卖屋典妻，更有甚者卖身成为旗人的奴仆。这种情况下甚至还闹出了一件大事，告到了皇帝的御前：

康熙二十一年（1682），巡按王梁路经武林门，发现居民都闭门罢市，往昔热闹的武林门成了一条死街。王梁不禁纳闷，派人询问。人们见巡抚大人发问，便纷纷出来向他控诉，说是地痞恶棍诱骗他们向旗人借债，害得他们一贫如洗。王梁便令亲随抓了几个地痞恶棍，想带回衙门去审讯。不料这时，旗营中却冲出几百名旗兵，强行阻拦。这些旗兵对汉人巡抚毫不理会，肆意辱骂，还掀翻车驾，砸了王梁的轿子，几乎酿成一场激变。旗人竟敢当面凌辱汉人出身的朝廷命官，可见嚣张到何等地步！幸亏此事又被另一位汉人大员、浙江总督李之芳亲眼目击，李总督当即勃然大怒，将这些闹事逞凶的旗兵都抓了起来，并向朝廷呈递奏章弹劾。康熙皇帝派人来杭审讯，旗营将军及闹事元凶都受到了惩罚，此后，旗人才总算收敛了些。

旗人与汉人的民族矛盾在清初表现得十分突出，不过，随着时间的推移，双方的民族融合也逐渐加强。杭州西湖似乎天然就是一个软化人的地方，北方来的马背民族在这么一片温柔水土的滋养下也渐渐变得柔软起来，原本是"沙场秋点兵"的旗营，居然也建造有小桥流水、桃柳夹堤、鸡犬桑竹，别有天地。晚清的文人们干脆模仿"西湖十景"弄出了一个"柳营八景"来。

"柳营八景"里的八旗子弟在和风细雨的熏染下养尊处优、战备日弛，太平终于不再，旗营也遭遇了灭顶之灾：

咸丰十年（1860），太平天国悍将李秀成率军攻入杭城，驻防的杭州将军瑞昌凭着高大坚固的城池死守旗下营，直到江南大营的张玉良派援军来救，太平军才撤军而去；第二年，江南大营也被太平军破了，瑞昌自杀身死，太平军攻入城内，旗营也就成了太平军的军营；到同治三年（1864），左宗棠克复杭州时，星散的旗兵合拢来也就只有四十多个人，为了重整旗营，不得不从外地调人补充。而到了辛亥革命的1911年11月，当时名叫蒋志清的青年蒋介石，奉沪军都督陈其美（陈英士）之命，率敢死队攻打浙江巡抚衙门，光复杭州。旗营将领还想负隅顽抗，革命军登上城隍山，居高临下炮轰旗营。最终，革命军攻占旗营，拆除了旗营，至此，建立了近三百年的清王朝军事重地终于从杭州地图上消失。现在，一些老杭州还叫湖滨一带为"旗下"，而连通湖滨的平海路原先也叫"英士街"，是以陈其美的字而得名的。

顺便说一句，昔日骄横不可一世的旗人失去了权势后，由于游手好闲惯了，全无一技之长，许多人沦为赤贫，也有的只好出卖体力劳动，在西湖边踏个三轮车载客谋生，杭州人从前称这些踏三轮车的为"踏二哥"，其实是"鞑二哥"之谐音。

2

当然了，满洲人的政治才能较之蒙古人要成熟得多，事实上，清朝尤其是清初的统治，较之明朝末年也要进步得多。清朝统治者注重笼络汉人，入关后没有多久，满洲人就以土生土长的中国人自居了，这跟蒙古帝国的统治者深拒闭固的情形恰恰相反。杭州人于是也很快忘掉了亡国奴的不愉快遭遇。

为了巩固大清帝国在江南的统治，进一步搞好"民族团结"，清初的两位皇帝总共十一次南巡杭州。第一位是康熙帝，他在位 61 年，先后 6 次南巡，除第一次只到江宁（今江苏南京）外，其后 5 次都到过杭州；第二位是乾隆帝，这位皇帝一心效法他的爷爷，在位 60 年中也先后 6 次南巡，他是每次必到杭州。今天杭州的中山公园，就是当年大清皇帝南巡时的行宫所在。

皇帝南巡，天威肃穆，戒备森严。銮驾启动前，沿途清道，水路经过运河，各式船只也都提前开行，预筹回避。每次南巡，都是正月或二月启程，到杭州正是春耕季节。为了表示对农业生产的重视，圣谕沿途春耕可以照常活动，只是在銮驾经过时，农田里的男子须入村回避，地方官员、耆民老妇、缙绅生员则搭建彩棚，排队跪伏，80 岁以上者穿黄褂持香跪接。两位皇帝都以学识文化著称，每到一地，地方上照例要呈送方舆图说、名胜古迹、历史沿革、地理风俗、古今题咏、本朝事迹等资料，供皇帝御览，以便掌握当地情况。

康熙、乾隆的南巡，被当时的文人誉为"巍巍盛典""熙朝盛事"。除了维系民心、整顿军旅、巩固统治等目的外，向往江南风光，乘兴南游，去眺览山川之佳秀，民物之丰美，借此宣扬太平盛世，也可算作是南巡的一大动机。所以，两位皇帝到杭州后，遍游西湖胜景，写了许多诗，题了许多词。康熙除了在崇文书院题"正学阐教"匾额外，在灵隐寺也题了"云林禅寺"额，今天就悬挂在最前面的天王殿上。民间传说康熙帝在题"靈"字时把上部的"雨"字写得太大了，以至于写不下整个"靈"字，有大臣急中生智，悄悄在手心上写了一个同为"雨"字头的"雲"字，借研墨之际，展示给康熙看，康熙就顺势题写了"云林禅寺"。传说毕竟是传说，事实上，康熙不题"灵隐"而题"云林"，所据系杜甫"云林得尔曹"诗意。但是传说的力量也是惊人的，后来到灵隐寺的人都说康熙皇帝写了错别字，以致八十年后乾隆到灵隐寺时，还特意写诗对祖父的用典作了解释。

云林禅寺

两位皇帝留给西湖的最大墨宝当然是用御碑题名书写的"西湖十景"，从而使杭州西湖的名气更加响亮。

皇帝钦定的"西湖十景"为苏堤春晓、柳浪闻莺、花港观鱼、双峰插云、南屏晚钟、断桥残雪、三潭印月、曲院风荷、平湖秋月、雷峰夕照，"西湖十八景"为湖山春社、功德崇坊、玉带晴虹、海霞西爽、梅林归鹤、鱼沼秋蓉、莲池松舍、宝石凤亭、亭湾骑射、蕉石鸣琴、玉泉鱼跃、凤岭松涛、湖心平眺、吴山大观、天竺香市、云栖梵径、韬光观海、西溪探梅。比较而言，前者的名气要比后者大得多，"西湖十景"每一处都立起了皇帝御笔亲题的景名石碑，并建碑亭保护。这些石碑在"文革"期间大多被毁坏，后来又得到了恢复，所以，你徜徉在今天的西湖边，会时不时碰上一块御制石碑，记录着当年那一段佳话。

康熙、乾隆的南巡确实是杭州历史上的大事，毕竟除了秦始皇曾经到过这片土地，南宋的皇帝曾经驻跸在这座城市外，还没有其他哪朝哪代的皇帝到过杭州。乾隆后面的四次南巡都去了海宁，其实到杭州来也有一部分原因是踏勘海塘江堤的建设，去海宁自然也有这层意思，但后世的野史秘闻却偏偏搞出了一个乾隆身世之谜的话题。这些闲话当不得真，但乾隆每次来杭州倒真是记挂一个人。这个人就是杭州籍的经学家、文史学家和藏书家杭世骏，字大宗。

杭姓应该是杭州颇有地方特色的一个姓氏，据说他们是大禹的后代。大禹治水在会稽大会天下诸侯，治水大业完成后，那里留下很多船只，他把这些船只交给他的一个儿子管理，并将他封在余航（今浙江杭州余杭）这个地方。后来，其子孙就将"航"去"舟"加"木"，写成"杭"，并自称为杭氏。所以，今天姓杭的人大概都跟杭州是有关系的。

杭世骏曾经在翰林院做官，也算是皇帝的身边人。但这位老先生为人耿介，敢于直言。有一次上奏，居然要求满汉平等，触犯了乾隆，被革职回乡。据说，几年后，乾隆第一次南巡到杭州，杭世骏也参与迎驾，乾隆见了他就关切地问道："你现在靠什么生活啊？"杭世骏也是个老实人，据实回答："臣世骏开旧货摊。"皇帝不懂，问道："什么叫开旧货摊？"杭世骏解释道："把买来的破铜烂铁陈列在地上卖掉。"乾隆皇帝听了哈哈大笑，写了"买卖破铜烂铁"六个大字赐给他。而杭世骏倒也颇有些柳永"奉旨填词"的风格，从此，在闹市摆了一个地摊，布招上书："奉旨收卖破铜烂铁"，一时观者如堵。

过了几年，乾隆又南巡到了杭州，仍旧记挂着这位倔强的老人，特地召来问道："你的性情改过了吗？"——皇帝哪里晓得，一方水土养一方人，杭世骏身上体现的就是"杭铁头"的风骨——杭世骏回答道："臣老矣，不能改也。"乾隆也是喜欢开玩笑的，便问道："何以老而不死？"杭世骏这次倒回答得很妙："臣尚要歌咏太平。"皇帝也被他逗笑了。

再后来，乾隆也老了，南巡时还记挂着杭世骏。据后辈的杭州人龚自珍在《杭大宗逸事状》中说："癸巳岁，纯皇帝南巡，大宗迎驾。名上，上顾左右曰：'杭世骏尚未死么？'大宗返舍，是夕卒。"这样的记载不知是真是假，这皇帝也真是的，好记挂不记挂，老是惦记着人家有没有死。杭世骏终于被他惦记死了，但杭州人从此对买卖废铜烂铁的却是高看一头，是其他收鸡毛鸭毛甲鱼壳的比不得的。

万松书院（敷文书院）

　　两位皇帝中乾隆尤喜舞文弄墨，而他的风流禀性与江南的人文民物也更为相合，所以他对杭州也表现出更大的偏爱。他记挂杭世骏自然也是因为杭世骏的道德学问。而乾隆初次南巡时，就将武英殿所刊"十三经""二十二史"各一部发给杭州敷文书院。这所位于万松岭的著名书院，是明末清初杭州规模最大、历时最久、影响最广的书院，也是传说中"梁祝爱情故事"的发生地，据说梁山伯与祝英台就是在这所书院里读书相识的。

　　明清时期，杭州的文化教育繁荣发达，创办书院之风盛行，曾出现崇文书院、敷文书院、紫阳书院、诂经精舍和求是书院等著名书院，其中求是书院即今浙江大学之前身。乾隆帝对书院的赐书既是显示皇恩浩大，同时也是向天下士子表明他是一位颇有文化素养的皇帝。乾隆四十九年（1784）南巡，他又以"江浙为人文渊薮"，给扬州、镇江和杭州各颁一部刚刚由纪昀等人编纂完成的《四库全书》。这部我国迄今最大的古籍丛书，收书

3503种、36000册、79337卷，经10年始成。全书为抄本，先抄四部，分别藏于北京紫禁城内文渊阁、圆明园文源阁、承德避暑山庄文津阁和沈阳奉天行宫的文溯阁，称为"内廷四阁"，亦称"北四阁"。后又续抄三部，颁赐扬州大观堂文汇阁、镇江金山寺文宗阁和杭州西湖文澜阁，称为"江浙三阁"，亦称"南三阁"。这套集大成的古籍丛书普天下仅此七部，历经战火动乱，正本全存的在大陆只有沈阳文溯阁本和承德文津阁本两部。还有一部保存完整的是紫禁城文渊阁本，现存台北故宫博物院。

民国初年，钱恂和张宗祥又先后组织了两次补抄文澜阁本《四库全书》的行动。其中，钱恂组织的那次开始于1915年（乙卯年），张宗祥组织的那次开始于1923年（癸亥年）。所以，这两次抄书行动分别叫作"乙卯补抄"和"癸亥补抄"。

"乙卯补抄"开始时，钱恂已经到北京做了袁世凯政府的大总统顾问和参政院参政。他争取了北京浙江同乡会、教育部和袁世凯的支持，不光借到了文津阁本《四库全书》做底本，还从书店里买回旧抄本182种、268卷。所有的经费银圆6200多块全部来自钱恂自己的募集和浙江教育厅的经费。后来，兼任京师图书馆主任的北洋政府教育部视学张宗祥回浙江出任浙江教育厅厅长，又接过了守护《四库全书》的接力棒，他"不愿向公家要钱"，筹钱募捐又只找浙江籍人士，非浙江籍人士即使富可敌国的也不找。最后，从上海、杭州等地的浙江籍达官贵人和商界巨子手里募集到16200块银圆。在他主持"癸亥补抄"的一年里，就抄书2046册、4497卷；临完成前，又重新校对丁氏兄弟抄书213种、2250册、5560卷，12000多块银元刚好用完。

经过丁氏兄弟、钱恂、张宗祥等人先后三次补抄，

文澜阁

最后完成的文澜阁本《四库全书》比原来的更为完整，具有更高的版本价值和历史文献价值。

这套博大精深、卷帙浩大的文澜阁《四库全书》传藏之路当然也是曲折而惊心的。抗战时期，在浙江图书馆馆长陈训慈（陈布雷之弟）、浙大校长竺可桢等人的主持下，辗转将这套珍贵的《四库全书》转移至富阳、建德、贵阳和龙泉，终于毫发未损，个中坎坷和故事真可以说是"惊天地，泣鬼神"。

杭州文澜阁藏《四库全书》可以称得上是现今中国大陆的第三部全本。杭州称文化之邦，杭州人重视文化，矢志拯救文化，素有文化情怀，于此可见一生动注脚！

3

康熙、乾隆屡次南巡杭州也向世人昭告了杭州是个好地方，所以，有清一朝派到杭州来做地方官的均是皇帝特别看重的，毕竟江浙的财赋占到了全国的七八分之一。

前些年一部电视连续剧《李卫当官》，让雍正朝名臣李卫的形象家喻户晓。历史上的李卫虽不似电视剧里的诙谐嬉皮，但他倒确实是雍正皇帝的心腹重臣。雍正三年（1725），李卫被提拔为浙江巡抚。雍正五年（1727），又升任浙江总督。短短十年内，他从一个闲职京官，最终成为官居一品的封疆大吏，其升迁速度不可谓不快。在浙江任上，李卫主管盐政、缉查私盐，修筑海塘、缉捕盗贼，为雍正帝立下了汗马功劳。

民间最津津乐道的故事，还是他捕杀当时称为"江南大侠"的甘凤池一事。甘凤池武艺高强，在江湖上名气很大。早在康熙年间（1662—1722）就在浙江参加过反对朝廷的"朱三太子案"。雍正时期（1723—1735），又联系反清复明人士开展活动，并准备于雍正八年（1730）秋天举事。雍正七年（1729），李卫侦破了这一反清复明的集团，甘凤池最终被判处死刑。

如果说在这一事件上，民间的同情心还往往寄托在被害的一方，而在其他方面，李卫倒也是颇得人心的。由于李卫的官是捐来的，并不是科班出身，所以他大字不识几个。师爷等人起草公文奏章，都要读给他听，有不合意的地方，他就口述修改，而且往往能切中问题要害，让大家佩服得五体投地。李卫的身上透着一股杭州人喜欢的民间智慧。李卫在公干之余喜好听人说书，每当听闻忠贤遭到不平，这位总督大人就会情不自禁地呜咽、愤恨，甚至拔剑而起。

虽然识字不多，但李卫对文人、对文化事业还是非常重视的。历史上记载，他曾出钱修过《浙江通志》，建过书院，还拿出自己的私帑给在读士子以丰厚的膏火钱。雍正年间（1723—1735），因浙江发生多起文字狱，雍正帝一怒之下禁止浙江士人参加科举考试以作惩处。为了尽早恢复乡会试，时任浙江总督兼巡抚的李卫便经常深入基层，了解文士心声，调解各种矛盾，并且上奏朝廷，替浙江文士说了许多好话，雍正帝这才恢复了浙江文士的乡会试资格。第二年殿试的一甲三名，即状元、榜眼、探花都被浙人取得，因此文人对李卫的印象都很好。

李卫恃仗雍正帝对自己的宠信，确也颇有些行为乖张的地方，他在西湖花神庙里立着自己及其妻妾的神像，号"湖山神位"，搞得就有些不知天高地厚了。后来，乾隆南巡看到后十分恼怒，下谕批评李卫"任性骄纵"，命令撤像烧毁。当然这个时候，李卫也早死了，否则他恐怕也会被吓死。

跟"不学有术"的李卫不一样，嘉庆二年（1797），谦谦君子的江苏仪征人阮元以浙江学政的身份来到了杭州。

有人把"学政"的官职解释成"教育厅长"，其实是不正确的，学政除了掌管全省学校政令和科举外，还和总督、巡抚一样具有向皇帝专折奏事的权力，从严格意义上说，学政是由皇帝亲自委任指派的官员，类似钦差的性质。阮元是进士出身，又是"才通六艺"的一代经学大师，平生著述宏富。他来到杭州，就选拔了一批浙江的书生，集中在西湖边的孤山南麓，编纂《经籍纂诂》。这是一部专讲古字义的字典，是我国古书训诂的总集。嘉庆五年（1800），阮元改任浙江巡抚，他又用这些房子创办了诂经精舍，这是清代中叶杭州最有影响的书院之一——后来，晚清的大学问家俞樾俞曲园也当过诂经精舍的山长（校长）。今天的人知道俞曲园多半还是因为他那个评《红楼梦》的重孙俞平伯，实际上俞曲园在晚清的学术地位是堪称执牛耳的。当年以一句"花落春仍在"的诗句得到主考官曾国藩的青睐，得应试诗第一名，他与李鸿章都是曾国藩的门生，只不过，李鸿章拼命做官，俞曲园拼命做学问。俞曲园当了31年的校长，培养了大批的江浙精英，清末民初的大学问家章太炎也是他的弟子，只不过章太炎后来又去做大革命家了，就与老师分道扬镳——这些当然是后话，回来还说阮元：

阮元在杭州为官12年，两度出任浙江巡抚，为杭州做了不少好事，还给今天的杭州留下了一个阮公墩。

阮公墩是"三潭印月"旁的一个小岛，这个小岛与宋代建的小瀛洲和明代建的湖心亭鼎立成品字形，模仿蓬莱三岛，成为著名的西湖三岛。不过，当年阮元筑阮公墩倒不是为了造一个玩赏景点，而是和白居易、苏东坡、杨孟瑛一样，为了疏浚西湖。嘉庆五年（1800），阮元出任浙江巡抚时，西湖又渐淤塞了。阮元花了两年时间，调集民工疏浚西湖，湖底挖出的淤泥就垒成了这个面积8亩的湖中小岛。后人为了纪念阮元对浙江文化教育发展、保存整理古代典籍及治理西湖的功绩，就命名该岛为"阮

阮公墩

公墩"。

其实,阮元对西湖的贡献还不止这一处阮公墩,今天的岳庙也是阮元在嘉庆六年(1801)主持重修的,他还别出心裁地用铁器铸了秦桧夫妇二像,跪于岳坟前。当时有好事者,用两块小牌写了一副对联,挂在两个铁像上。挂在秦桧颈上的一块写着:"咳!仆本丧心,有贤妻何至若此。"挂在王氏颈上的一块写着:"啐!我虽长舌,非老贼不到今朝。"一怨一恨,刻画出这对奸夫刁妇肮脏的内心世界。后来,人们依其旧制,又增设参与陷害岳飞的张俊、万俟卨二人跪像,四个铁铸人像,反剪双手,面墓而跪,成了今天岳坟前著名的四跪像。跪像背后墓阙上有楹联云:"青山有幸埋忠骨;白铁无辜铸佞臣。"表达了杭州人爱憎分明的立场。

到了嘉道年间(1796—1850),一代名臣林则徐也曾多次来杭州任官。林则徐对杭州是相当熟悉的,他的母舅家就住在杭州武林门,杭州有林则徐的不少亲友,包括那个写有"我劝天公重抖擞,不拘一格降人才"的

秦桧夫妇跪像

杭州籍大诗人龚自珍。福州人林则徐北上应试或者是宦游回乡，经常取道杭州，在此停留歇息，杭州的湖边堤上、山谷溪间留下了他的不少足迹。

嘉庆二十五年（1820），年方36岁的林则徐第一次由小京官外放，就来杭州担任杭嘉湖道，可以说，他的仕途发迹是从杭州开始的。道光二年（1822），他又奉派为浙江监试官，继而又权摄浙江盐运使、综办江浙水利事。林则徐最后一次来杭州是因虎门销烟而获罪被降三级后，以四品卿衔调浙参军务。这个时候，他举家迁杭，准备长住杭州了。只可惜，很快他又被流放伊犁。林则徐的一生，步入顺境初展抱负是从杭州起步；走向逆境遣戍伊犁，也是从杭州出发。杭州的老百姓热爱这位敢于抗敌的英雄人物，"乡人无智愚，争一识面为快"，丝毫没有人一走茶就凉的市侩势利。杭州，历来就是一座温暖的城市。

4

道光三十年十二月初十（1851年1月11日），一场轰轰烈烈的起义在广西桂平县金田村发起，这便是历史上著名的太平天国运动。

在起义爆发的最初的几个月份，杭州的老百姓是不会关注那远在几千里外的起义运动的，然而形势很快威胁到他们：太平军出两广，入两湖，自武昌沿长江东下，咸丰三年（1853）3月19日攻克南京，建为首都，改称天京。南京对杭州来说已经是近在咫尺了，杭州大震！

"苏、常避难者纷纷迁至杭州，杭民亦相率他迁，钱江舟楫为之一空。"

太平军直到后期才进取杭州，这些被清朝诬为"长毛"的起义者曾两度攻克杭州。太平军第一次攻克杭州是在咸丰十年（1860）3月19日，这可看作是他们为了解除天京之围而实施的"围魏救赵"之计。由太平天国最具领导才华和个人魅力的忠王李秀成率军从安徽芜湖出发袭杭州，经浙西达良渚进城，包围了武林、钱塘、涌金、清波等城门，并占领了城外各山峰，向清军猛烈进攻。经过8天激战，太平军攻下杭州城，浙江巡抚罗遵殿自杀。天京得以解围，太平军5天之后即自行撤退。

第二次攻克杭州是在次年的12月。这一次，先由侍王李世贤部从江西攻入浙江，经略浙南、浙东各地；忠王李秀成继而从江西亲率大军进逼杭州，占领了武林门外的卖鱼桥及南北诸山峰。李秀成一夜筑垒数十，将杭州十门合围，内外交通断绝。这一次的围城攻坚战打得十分残酷，相持整整两个月，城内粮尽，浙江巡抚王有龄只得"挨户劝捐"，他的好朋友、著名的红顶商人胡雪岩从宁波运米2万石，企图接济城内，却被太平军截获，"粒米未能入"，城中饿死的人数达六七十万。当时有传说，观音显圣托梦，于是很多饥民跑到艮山门内挖观音土充饥。这一幕惨相在台湾作家高阳的小说《红顶商人》中有详尽的描述。两个月后城破，王有龄自缢。

杭州再度被攻克，清政府极为惊恐，任命左宗棠为浙江巡抚，率清军积极组织反攻。左宗棠由安徽进入浙江，开始对太平军猛烈进攻。左宗棠及法国人德克碑的洋枪队（常捷军）包围了杭州和余杭，战争持续了将近3年。由于粮道断绝，杭州的太平军于同治三年（1864）3月30日夜半，从武林门撤出，放弃杭州，退向德清。

杭州在历史上从未遭受过如此兵燹，向来风花雪月繁华地，竟成了兵家争战场！

李秀成攻克杭州后，随即去攻打上海，杭州由听王陈炳文镇守，听王府设在小营巷内，现仍保存着旧址。太平军推行乡官制度，乡官由下层劳动人民充任，穷苦百姓倒是翻了个身。在杭州临安，民间至今还流传着这样的民歌："长毛到，讨饭佬穿皮袄，穷苦人家发元宝，有钱人家活倒灶。"而在滨江西兴一带，也流传过这样的民谣："长毛到西兴，债务都灵清；长毛到西兴，光棍好成亲。"

另外，太平军还经常对军民进行教育，当时叫"讲道理"，在杭州城内大方伯里，筑有一"讲道理"用的高台，讲道理时，"堂下万人来听讲"。

热闹归热闹，但据中国人口史统计，杭州府战前有人口 372 万人，战后仅余 72 万，人口损失 80.6%，这样的人口锐减终归是一场浩劫，而不是什么太平景象。

5

在镇压太平天国的过程中，一位杭州商人出尽了风头，他就是我们前文中说的企图从宁波运粮进杭州赈济饥民的胡雪岩，也就是高阳小说《红顶商人》的主人公。他的故事在今天也可以看作是白手起家的励志样板。

胡雪岩，名光墉，安徽绩溪人。徽商在杭州做生意的也很多，杭州人称之为"徽州朝奉"。但胡雪岩却是以一个打工仔的身份，两手空空来到杭州的。

少年胡雪岩在杭州的一家钱庄当学徒。他为人精明干练，善于应酬，也颇讲江湖义气。有一次，他跑街收款回来，在吴山上偶遇一位落魄的书生王有龄，书生正为囊中羞涩无力赴京赶考而愁眉不展。仗义的少年就擅自用钱庄的银两资助了书生。胡雪岩的眼光也确实不错，王有龄果然科场得意，青云直上，后来居然做了浙江巡抚，成了胡雪岩的父母官。

胡雪岩因当初的知遇之恩而受到王有龄的关照，开始发迹。太平军兵锋直指杭州后，他协助王有龄筹措军粮、军饷，负责赈抚转运，颇受重用。可惜好景不长，杭州城破后，王有龄自杀殉职。这个时候，左宗棠率湘军入浙，胡雪岩又因献粮有功，得到左的信任。

这之后，胡雪岩便替左宗棠借外债、购军火，经理粮台、金融、船局，亦官亦商。由于与官府交往密切，比起一般商人更谙生财之道，胡雪岩也深得官府器重。左宗棠克复杭州后，胡雪岩受命主持善后诸事，设粥厂、难民局，养生送死、赈灾恤穷，成了杭州人心目中的"活菩萨"。他创办胡庆余堂，正是源于当时连年天灾战祸、瘟疫流行而实施的一项济世措施。当然了，也是为左宗棠的军队提供医药供应。

胡雪岩的生意后来越做越大，他开的阜康钱庄，分店遍布全国29处；他本人拥有良田万亩、白银2000万两以上，富名响彻中外。尤其是帮助左宗棠平定新疆后，在左宗棠的极力保举下，胡雪岩被朝廷赏二品顶戴，破格赏赐黄马褂，成了煊赫一时的"红顶商人"。这样的待遇，在历来重农抑商的中国，历史上也只此一人。

左宗棠把胡雪岩视为心腹之人，而胡雪岩则在官场、商场左右逢源、长袖善舞。但正应了"成也萧何，败也萧何"的那句老话，由于胡雪岩与官府的关系过于密切，他也不可避免地成了官场斗争的牺牲品。在左宗棠与李鸿章的明争暗斗中，胡雪岩卷入了与李系要人盛宣怀的暗战。而作为中国事实上的第一个大买办，盛宣怀与洋

上：胡庆余堂内景　　下：胡雪岩故居

人的势力更为紧密。不久，一向财源滚滚的胡雪岩就陷入了一场经济危机：他在丝业中向外国洋行展开了一场激烈的抢购争夺，外商全力倾轧，官僚又趁火打劫，阜康钱庄全部倒闭，引发一场全国性的金融风潮。而此时，左宗棠因病重而退隐，胡雪岩顿失靠山，终于大祸临头，清廷将其资产籍没，连家属都被监押。

在今天的杭州元宝街，还耸立着一座飞檐重瓦的胡雪岩故居，但事实上，胡雪岩的晚年已经不在这里度过，这座花园住宅已经抵债给了最大的债权人、刑部尚书、协办大学士文煜。早几年，在杭州郊区上泗地带的一座山上，发现了一座废弃的孤坟，因为有一块墓碑，最后被确定为胡雪岩的墓。那块墓碑，最后还是被民工毁掉了。

6

与胡雪岩的黯然离世形成鲜明对比的是，20世纪初杭州城里轰动一时的一场大出殡。死者是晚清宰相（武英殿大学士）、赐紫禁城骑马的杭州人王文韶。王文韶在杭州乡贤中是官做得最大的一位，他的葬礼也成了当时杭州的一大新闻。钟毓龙《说杭州》中记载："宰相王文韶死后出殡，自清吟巷相府经江墅路，出凤山门，仪仗绵延十余里，万人空巷而观之，甚至有从外地专程来看者。"

王文韶的故居在清吟巷。当年，77岁的王文韶令轿子停下来，掀起轿帘，这条久违了大半辈子而又魂牵梦萦的再熟悉不过的小巷就在眼前了。

他蹒跚着走进巷子。

当他意气飞扬地走出这条巷子的时候还只是一个16岁的少年。

16岁前的王文韶可是清吟巷里有名的顽皮少年。他父亲开了一家小酱酒店，不惜工本送儿子上私塾读书以求上进。无奈王文韶嗜赌如命，直至将父亲一爿小店都输个精光。这一年的春节，冷冷清清，一家大小毫无乐趣。王文韶从此痛改前非，埋头苦读。果然突飞猛进，一日千里，23岁就进士及第。

清吟巷好好地热闹了一番。这清吟巷在南宋时本是驻扎拱卫大内的皇城司亲从、亲事等指挥营的,初称亲营,后讹为清吟。明弘治年间（1488—1505）,诗人毛竹轩致仕归闾,常约文友在此唱和,时谓"归田乐会"。清吟巷由武转文,名符其"吟"了。而巷子里出了位23岁的进士,少年科第却还是第一桩,怎不叫父老乡亲欢喜?

一场欢喜过后,王文韶离开了清吟巷。从此官运亨通,一帆风顺,于光绪二十四年（1898）入军机处,又以户部尚书协办大学士。晚清时实权皆归军机处,而名义上的宰相还是大学士,王文韶既拜军机又领大学士,成了名副其实的宰相。杭州人无不引以为豪。而王文韶则是读到族祖王乃斌的《红蝠山房诗钞》,了解到曾有五只蝙蝠绕梁飞行于祖宅的吉兆,才耗巨资在故乡的清吟巷兴建了宏大的住宅。

王文韶在官场磨练,谨小慎微,他的耳朵有点聋,而他也半真半假,常以假聋作为躲事避风头的手段,于是,有了八面玲珑"玻璃球""油浸枇杷核子"的诨号。饶是如此,当慈禧幻想利用义和团"神功"与八国同时宣战时,王文韶还是犯颜进谏,险些被慈禧杀头。所以,这位老兄其实也是"小事糊涂,大事不糊涂"的。

庚子国变,慈禧西逃,71岁的王文韶和儿子一路找轿子准备去追随,但这人心惶惶的时候,哪里有轿子可找,王氏父子就徒步追上去,道路崎岖,追了三天,两脚都肿了,总算在怀来县追上了太后和皇帝。满朝文武都作鸟兽散,倒是这个南方的老头子赶来护驾,正"蒙尘"着的慈禧也非常感动,当场摘下一块玉佩赠送给他。

关于这块玉,还有一个故事。由于走得匆忙,慈禧太后身上值钱的东西只有这块玉。它是有玉中之王之称的"脱胎"。脱胎属羊脂白玉，如果把它浸入水中，可使一大缸清水映为通红。

得到"脱胎"之后的王文韶连连擢升。此后，圣眷日隆，李鸿章死后，他受命主持大局，与各国谈判议和，折冲樽俎，费尽心力。王文韶最后心力交瘁，只好乞休归田。

王文韶是光绪三十三年（1907）四月离开北京，五月回到故乡杭州的。次年，王文韶79岁，按照杭州人过生日"做九不做十"的习惯，正准备大肆庆祝八十寿诞。清吟巷里的相府搭起了戏台子，演三天祝寿戏，杭州城里的文武官员、缙绅名流也纷纷赶来祝贺。却不料，晴天霹雳！

接到了慈禧和光绪去世的消息。相府顿时乱成一团，一场喜庆换成了国丧。脱下寿衣的王文韶披麻戴孝跪倒在老佛爷和皇帝的画像前，痛哭流涕。谁知这一跪就卧床不起，没几天便跟着老佛爷和先帝爷去了。

笔者在20世纪末曾到清吟巷采访过时已八十高龄的住户周施振老太太。她说小时候听说过王文韶的大丧事，丧仪之隆重在杭州前所未有，三十二个抬棺材的人是从北京专门请来的，一个开路神高过屋檐，装上轮子还要四个人推。发引那一天，行列长达十里，出丧用的纸扎货多得不可枚数，万人空巷，观者塞途，"连苏州人都赶来看"，"杭州城里的大小旅馆，全部爆满"。她还告诉我，王文韶的第四代孙女还住在清吟巷内，也已经七八十岁了，可惜当时未能访到。

今天清吟巷的王文韶故居已经修缮一新，而当年笔者采访的时候，还是在一条破败不堪的巷内。抚摸着油漆斑驳、蛛网尘封的庭柱，较之过去一进门就可看到蓝底金边蟠龙的"太子太保大学士第"匾额,厅堂上挂满"重游泮水""重赴鹿鸣""宣纶笃祜"等等数不清的匾额,诚有唐人诗里"四十年来车马绝,古槐深巷暮蝉愁"之感。

说起王文韶的大出殡,还要讲一则"社会新闻",是有关后来的上海滩三大闻人之一的张啸林的。

张啸林是上海滩三大亨中唯一的一个杭州人。与杜月笙削梨相映成趣的是,张啸林年轻时在拱宸桥卖青皮甘蔗为生。杭州的拱宸桥在清朝时可是藏龙卧虎的一块地方,由于地处京杭大运河的末端,漕运舟楫都要汇聚此地,著名的青帮就发源于此。据说,青帮的三位祖师爷翁宕、钱坚、潘清当年就是在拱宸桥漕运码头结社拉帮的。张啸林在拱宸桥也是拜了师父的。

在王文韶的出殡仪式上,张啸林与师父陈效岐受雇扮戏。出殡队伍走到清河坊,这一带的日本人跑出来看热闹。其中有个小孩顽皮,跑到了送葬队伍里面,钻在扮戏人中间要瞧个仔细。张啸林没注意,一下子撞倒了

王文韶故居

这个日本小孩。孩子的哭声引来了大批的日本人。他们拦住王府的孝帷,又要州府官人赔礼道歉,又要索赔纹银一千两。在讨价还价的过程中,有个日本人竟去揭棺木上的红缎,这是对死者大不敬的行为。张啸林一时怒起,大喝一声"开打",他们一班兄弟拉开全武行,打得日本人抱头鼠窜。清河坊、保佑坊一带的日本人店铺也被砸了不少,搞得东洋人灰头土脸。

杭州城里从此都晓得张啸林的大名了。只可惜,这样一位"壮士",后来居然成了汉奸,最终在上海滩吃了军统刺客林怀部的手枪子弹。

故事总是叫人扼腕叹息,但说到这里总有人要问:那么,日本人又是什么时候来到杭州的呢?

7

很多人只知道上海曾经有列强的租界,不知道杭州曾也划出过日本人的租界。

太平天国运动之后,大清朝便一蹶不振。西方列强更是频频叩关,国门在风雨飘摇中被冲开。

日本人在黄海海面上打垮了北洋舰队,光绪二十一年(1895),以中国惨败签订《马关条约》割地求和而告终。根据《马关条约》,杭州被列为通商口岸。日本人还坚持在杭州设立日租界,租界就设在今天的拱宸桥一带,"径直三里,横约二里"。

拱宸桥是一座古桥,建于明崇祯四年(1631)。"拱宸"的"宸"字本意为北极星,是帝王的象征,"拱"字当然就是拱卫迎候的意思了。但这座桥的得名却始于清初圈筑驻防兵营（旗下）之时，兵营为门五，其一为拱宸门，后桥以门名。事实上，在拱宸桥开埠之前，日本已经在西湖边保俶山下的石塔儿头设立了日本驻杭领事馆（这幢西式的楼房至今仍在，为原浙江省旅游局的所在地）。于是，踢踢踏踏的木屐声便在这个城市回荡了。

光绪二十二年（1896）10月1日，拱宸桥通商场和日本租界正式启用，杭州海关也同日开关。从此，大清朝在租界内失去了司法、财政、警察、市政等一切权力。

大关以内的店铺大多搬到了拱宸桥来经营，逛市场看热闹的人摩肩接踵，连杭州府、仁和县、钱塘县的官吏及有关洋务委员也穿着朝服前往祝贺。这一天，热闹伴着辛酸。

拱宸桥的日租界地处京杭大运河的尾端，连接杭嘉湖平原，地理位置优越，但开埠前商业并不发达，店面不多，桥上倒是设摊不少。开埠后，拱宸桥在相当长的时间里仍是生意寥寥。来华的日本侨民中有不少是小商小贩，他们有的肩挂布袋，手托木匣，卖仁丹之类的药品；有的推着小车，带着铁板火炉做鸡蛋卷，现烘现卖。他们一边做生意，一边向当地百姓学中国话，打听杭州地理环境。

日本人确实也在拱宸桥用心经营了一番，引进了许多新鲜玩意儿：他们开出西式大药房，出售清凉丸、仁丹、花露水、头痛膏、胃痛片、金刚牙粉和赛璐珞制品；兴办了中日汽轮会社；光绪二十六年（1900）秋设置了邮便所；还在街头放映无声电影，这在杭州是最早的电影放映纪录。为了招徕顾客，日本人还在拱宸桥兴办烟馆、戏馆、妓馆、赌馆和报馆，其中最卑鄙的一手就是勾结地痞流氓，设娼卖淫。而一些黄色小报也刊登一些

"开花榜"之类的嫖妓信息,其中一份《花丛日报》,创始人冯冷公更是厚颜无耻,专门描写娼妓生活,登招嫖广告。清政府怕淫风延及城区,索性让拱宸桥成为公娼区,悬牌营业。所以说,旧社会拱宸桥还是杭州的"红灯区"。

拱宸桥的新奇事物层出不穷,城内居民终为吸引,于是这里纸醉金迷,盛极一时,成了杭州的"十里洋场"。戏院、旅社家家客满,电炬通明;小包车、黄包车、马车、轿车往来于三条马路,穿梭不绝;各色人等熙熙攘攘,

拱宸桥西修旧如旧

光怪陆离。这其中更有大量的日本浪人涌入,他们很快在拱宸桥这个"青帮祖庭"与当地的帮会、流氓等勾结,成了一股横行霸道的黑恶势力。

日本租界和日本通商场在日寇沦陷杭城期间,反而显得冷清了,因为当时的市中心都已成了沦陷区,当然也无所谓租界不租界了。日本军队用混凝土把拱宸桥中间铺成了斜面,以通汽车和人力车,运输兵力物资,这里成了他们占领杭州的大本营。抗战胜利后,中国人收回了租界,才把那耻辱的一页历史永远地翻了过去。

8

光绪三十二年（1906），一帮民工手持洋镐铁锹乱哄哄地来拆清泰门的城墙。

清泰门是杭城古代的东门，吴越国时期就筑的城门，当时叫南土门，元朝时改名叫清泰门。门外一片水网交错，其地多螺蛳，故清泰门又有螺蛳门之称。

杭州历史上筑城墙之说常有，拆城墙的先例少之又少。老百姓纷纷过来围观，一时议论纷纷。后来有消息灵通人士发话，说是要通火车，造火车站呢！

火车在当时可绝对是个新奇的东西。洋务运动的主要领导人之一、晚清名臣李鸿章在同治十一年（1872）第一次提出为清王朝修建铁路。当年，俄国侵占新疆，李鸿章借机上奏，提议"土车改为铁路"，便于快速调派军队迎战！然而这个建议遭到了慈禧的反对，原因是：开山凿石，龙脉不堪其扰！大清官员们也跟随着反对火车这个"妖物"，据说"闻此议者，鲜不咋舌"。但到了光绪七年（1881），连当初坚决反对的慈禧老佛爷也终于坐上火车去奉天府（今辽宁沈阳）祭祖了。于是，全国各地纷纷开始铺设铁路。其间，外国洋人对此也颇热衷，目的当然是要控制中国的铁路命脉。而中国的有识之士则开始了"保路运动"，自发捐钱建造中国人自己的铁路。

从上海通往杭州的沪杭铁路就是在这样的背景下动工的。萧山人汤寿潜出任了浙江全省铁路公司的总理，并被清廷授予四品官衔。

这位汤寿潜是清末著名的实业家，因争路权、修铁

马一浮纪念馆

路而名重一时。他还有一个女婿，就是后来被尊为国学大师的马一浮。

据说那年马一浮去岳父家拜年，汤寿潜拿出了沪杭段铁路工程图给女婿看。马一浮一看图纸，发现中心站设在艮山门，并有江墅铁路支线通往拱宸桥，而拱宸桥这时候已经辟为日本租界，那这条铁路不就便宜了日本人了吗？马一浮当即向岳父指出了此中弊端，并建议：如果以清泰门作为中心站，并且将火车站移到城内的话，这样不仅交通方便了，还能带动杭州经济。汤寿潜听完，深表赞同。

而此时清泰门外其实已经有一个小的火车站，那就是江墅铁路的清泰门站。作为沪杭铁路的分支，江墅铁路却早于沪杭铁路建成。通了铁路，有了火车站，杭州市民外出便捷了不少。但是，那时的清泰门站是在城墙外面，距离市区还有一段距离，每次乘火车还得经过清泰门的城门，如果要去赶早班车的话，还得一大早等城门开了才能出城，实际上是不方便的。年轻人的头脑就是转得快，马一浮向岳父建议，索性趁铁路修筑的机会，把清泰门站移入城内。于是，就有了拆清泰门城墙的一幕。

宣统二年（1910）8月13日，择址清泰门内南侧、羊市街北段的新火车站落成，取代了城外的清泰门站。那天下午，骄阳似火，但炎热的天气也热不过杭州市民对新生事物的热情。铁路沿线的空地上挤满了看热闹的杭城市民，他们背着条凳，带着干粮和凉茶，戴着草帽，就是想看一看火车这个庞然大物开进城来。周边的大片络麻地居然被他们踩踏得一平如镜！

因为这个火车站挪到了城内，于是老百姓开始叫它为城站。这个称呼，一直沿用到今天。

汤寿潜因为城站的建造而名声大噪，被舆论目为"人民代表"，后来出任了浙江咨议局的议长。辛亥革命爆发后，他又被推选为首任浙江军政府都督，而首个民选的杭州知府则是另一位著名的民主人士沈钧儒。

据说汤寿潜一开始是不愿意当这个都督的，因为他的政治主张是君主立宪，并不赞同暴力革命。但起义后的杭州，民军与旗营对峙，而旗营的将领在保路运动中曾支持过汤寿潜，只相信汤寿潜。最后还是汤寿潜出面，以都督的身份保证旗营的旗人们投降后的人身和财产安全，杭州才以和平的方式顺利完成了政权的交接。

作为清末著名立宪派人物的汤寿潜，难以驾驭革命后的复杂形势，所以，他这个都督只干了两个月就辞职了。孙中山先生倒是很看重他筑铁路的经验，任命他为交通总长，但汤寿潜却未去赴任。民国六年（1917），62岁的汤寿潜殁于家乡。

而他的女婿马一浮,晚年隐居在西湖边的蒋庄,深居简出,一心钻研学问。中国人讲"读书破万卷",真正能够读破万卷书的马一浮算一个。李叔同当年评价他说:假定一个人生下来就开始读书,而且每天读两本书,读过的也都能背诵下来,但他读到马先生的年纪,所读的还不及马先生多。

马先生似乎是为读书而生的,他是这个城市的读书种子,他为杭城的莘莘学子树立了一个读书的榜样。

9

火车轰隆隆地开进城来,为杭州带来各种各样的新生事物,带来新的风雷、新的人物。20世纪初的故事,就在这火车的轰鸣声中展开……

民国二年(1913)的暮春时节,恰逢王羲之兰亭雅集的第二十六个癸丑年。一群上海、江苏等地的金石书画家乘火车赶到杭州,他们是应杭州同行之邀而齐聚西

西泠印社

泠桥畔的孤山之麓。在此之前，杭州的金石书画家们早就有意邀约海内外同好，保存金石，研究印学。清光绪三十年（1904），浙派篆刻家丁辅之、王福庵、叶为铭、吴隐等四人在孤山数峰阁旁买地筑室，创立印社，并在杭州府、钱塘县分别以官府批文登记备案。时值清末民初，金石研究和发展正处于鼎盛时期，众多的名家高手汇聚孤山，在这样一个有纪念意义的日子里，他们举行了建社十周年纪念大会，人以印集，社以地名，正式将社团定名为"西泠印社"，并公推著名的金石书画大师吴昌硕担任首任社长，李叔同、黄宾虹、马一浮、丰子恺、吴湖帆、商承祚等均为西泠印社社员。此后，这个研究金石印学的组织迅速发展，声望日隆，影响辐射日、韩等国，逐步确立了杭州西泠印社作为海内金石书画重镇的地位。

就在同一年，位于贡院前的浙江省立两级师范学校正式更名为浙江省立第一师范学校。在此前后，一批大先生们应两任校长沈钧儒、经亨颐之聘，或舟楫或火车，来到这所学校执教。他们中有后来大名鼎鼎的文学泰斗鲁迅，有后来成了弘一法师的李叔同，有陈望道、夏丏尊、刘大白、李次九"四大金刚"，有马叙伦、许寿裳、蒋梦麟、沈尹默、朱自清、叶圣陶……一时间，群贤毕至，寻常巷陌，人道先生曾住。

杭州的新式学堂始于清末杭州知府林启手中。这位福建人是从衢州调任杭州知府的。那时候，甲午战争刚刚结束，《马关条约》签署，杭州拱宸桥也刚刚被辟为日租界。林启显然是抱定"教育救亡"的宗旨的，据说，他到杭州那天，下车伊始就直奔东城的讲舍，与学子们讨论政治与时事。第二年，林启就借普慈寺的屋舍办起了求是书院，第一批招收30名学生，其中成绩名列第一的就是余杭的章太炎。这所学校是当时中国创建的最早的新式学堂，也是今天浙江大学的前身。

而浙江省立第一师范学校（简称"浙江一师"），是今天杭州高级中学的前身，在当时也是孕育风雷、得风气之先的地方。它所在的位置原本是杭州的贡院。

根据明清科举的规定，乡试考举人要到省城的贡院进行，所以，贡院就是省试的管理机构和考试场所，并不是每一座城市都有资格设贡院的，而贡院也就成了旧时读书人心目中的圣地。

作为浙江省众多的莘莘学子鱼跃龙门的唯一考场，科举时代的贡院可是风光无比的。每当乡试的年份，全省总有1万多名考生鱼贯进入贡院。贡院内光是用于考生考试的小房间——号舍，就有14000余间，为全国之最，然而却还不够用，有的时候还得用轿子，作为增补的临时号舍。

学校门内正中间就是一条长长的甬道，就是这条甬道，六百多年前就开始承载着浙江人的青云之路：两袖清风的民族英雄于谦、心学大师王阳明、明末抗清英烈张苍水、现代教育之父蔡元培，乃至清末"杨乃武与小白菜"这一轰动全国大案的主角杨乃武都是在此中举的。以前的贡院三面环河，朝南的大门外有"天开文运"的牌坊，还有浙江巡抚阮元题的对联："下笔千言，正桂子香时，槐花黄后；出门一笑，看西湖月满，东浙潮来。"

贡院说是风光，但平时却很冷清。清代的乡试三年一次，都在八月份举行，而在其他时候，这么神圣的地方也不敢挪作他用，于是只好空置着。由于常年空置，难免屋舍失修，庭院更是杂草丛生，甚至蛇虫出没。所以，每当举办乡试之年，浙省官员例行的首要任务就是整修贡院。有一年翻修，居然在贡院内捕捉到300余条蛇，全部盛于竹笼之中，组织各路乞丐去分头叫卖，这在杭州也传为奇谈。

明清的科举考试一般要考三场，每场考试要考三天，考生和考官的吃喝拉撒全在贡院中。三天的考试中，饭菜可以自己带进去，而饮用水则难以自带。所以，每届乡试，官方都会雇佣众多水夫挑水进贡院，为考生和考官提供饮用水。但是，这种做法也为夹带作弊创造了条件，当年的《申报》对此也有报道："头场于水夫挑水桶底搜出传卷四十七篇，照例惩治云。"

惩治是惩治了，但总不是个办法。光绪三年（1877），

经亨颐坐像

熟悉水利的梅小岩来浙江就任巡抚。他注意到贡院供水的诸多弊端，就想到引西湖水进贡院，在贡院内创建自来水，并且是采用西法，用洋铁管引水。这也是杭州城里最早用上的自来水。

在贡院里举行的最后一场科举考试是在光绪二十九年（1903），这以后废科举兴学堂，贡院也就自然而然地摇身一变成了新式学堂：浙江两级师范学堂。而从"师范学堂"改名叫"师范学校"，这个"堂"字和"校"字，便显示着两代学制蜕化的痕迹：前清各级学校都称"学堂"，民国元年（1912）始改称"学校"，且所谓省立、国立等字样，亦是民国才有的名目。当时的浙江十一府，各有一所省立师范，杭州的排第一，因为承袭着历朝产出人才的贡院遗址，俨然一个"大阿哥"的样子。

经亨颐是在辛亥革命后任校长，并兼任浙江省教育会会长的，他以"与时俱进""适应新潮流"为办学宗旨，提倡人格教育理念。在他执掌学校的时候，名师云集，各种新思想、新事物均得以在这块古老的贡院土地上尝试和实验。

在今天杭高的二进楼上西首有一处鲁迅纪念馆，据说当年鲁迅的宿舍就在那里。严格讲来，鲁迅是宣统元年（1909）应前任校长沈钧儒之请来到这里的。就在那个人们还梳着长辫子的时代，这个剪平头、穿西装的29岁青年就已经在生理学课堂上讲起了生殖系统，还鼓励学生去解剖尸体，只是当时的他还不叫"鲁迅"，他只是一名青年讲师周树人。与鲁迅宿舍正对着的东首是李叔同的宿舍，当时他是受聘担任图画和音乐的教员。就是这位美术教师，在一师的素描课上首开了中国人体写生教学之先河。经亨颐还聘请了四位新派语文教员：陈望道、夏丏尊、刘大白、李次九，号称"四大金刚"……

终于,一场轰轰烈烈的"一师风潮"在这里被点燃。新的风气已经形成,新的时代也即将来临,迎接杭州的将是千年后的浴火重生,将是前程似锦的灿烂明天!

评曰:

因为离得年代尚不久远,杭州人总会在生活的细碎平和中咀嚼这一份荣衰的记忆。对于今天的许多杭州人来说,杭州是异乡,更是故乡!杭州是一座让人分不清故乡与异乡的城市,这座城市让你一落脚就觉得亲切,这种穿越时空的亲切感,规范成了杭州人今天的生命美学。在这片土地上,交织着希望与光荣,充盈着梦想与追求!

丛书编辑部

艾晓静　包可汗　安蓉泉　李方存　杨　流
杨海燕　肖华燕　吴云倩　何晓原　张美虎
陈　波　陈炯磊　尚佐文　周小忠　胡征宇
姜青青　钱登科　郭泰鸿　陶文杰　潘韶京
（按姓氏笔画排序）

特别鸣谢

顾志兴　杜正贤　楼毅生（系列专家组）
魏皓奔　赵一新　孙玉卿（综合专家组）
夏　烈　王连生（文艺评论家审读组）

供图单位和图片作者

良渚博物院

于广明　王建青　艾　琳　江志清　孙小明
张　望　陈小鸽　郑从礼　周　宇　周兔英
赵　辛　赵晓宽　姚建心　韩　盛　鲁　南
蔺富仙（按姓氏笔画排序）